4차 산업혁명 시대,
어떻게
일할 것인가

기하급수 기업을 만드는 비즈니스 혁신 전략

4차 산업혁명 시대
어떻게
일할 것인가

전성철
배보경
전창록
김성훈
지음

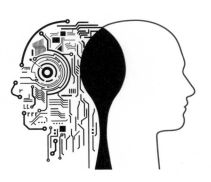

리더스북

산업혁명은 인류 역사에서 여러 차례 일어났다. 그런데 4차 산업혁명이 시작되자마자 전 세계적으로 많은 사람들이 심상치 않음을 감지하고 혼란에 빠졌다. 이미 겪어온 과정임에도 너 나 할 것 없이 이토록 긴장하는 이유는 무엇일까?

과거 산업혁명이 시작될 때는 모두가 거대한 변화라는 사실을 인식하지 못한 채 그 상황을 맞았다. 3차 산업혁명의 시작을 생각해보면, 혁신적이라고 할 수 있었던 것은 오직 인터넷을 통해 생겨난 '디지털'이라는 통신수단뿐이었다. 그 디지털이 이제 세상 모든 것을 연결하는 '신경망'이 되어 4차 산업혁명 시대를 열고 있다. 신체 각 부분이 신경망으로 연결되듯, 모든 것이 연결되고 있는 것이다.

그 덕분에 누구도 상상하지 못했던 방식의 '융합'이 일어나고 있다. 사람과 사람은 물론 기계와 기계, 사람과 기계가 융합되면서 세상에 없던 기상천외한 존재가 걷잡을 수 없이 쏟아져 나온다. 한두 개도 아닌 수십 개씩 말이다. 지금까지 한 번도 목격하지 못한 현상이다 보니, 신기하다 못해 두려움을 느낄 수밖에 없다.

융합의 힘은 또 하나의 거대한 현상을 낳았다. 바로 '공유'다. 4차 산업혁명은 사람들이 지금껏 공유할 수 없다고 여겨 온 것들을 공유하도록 시스템을 바꾸는 중이다. 거대한 집단 지성과 범위를 확장한 수많은 협업이 융합을 촉진하고 있다. 더욱 중요한 사실은 융합과 공유가 상호작용하며 세상을 '기하급수적'으로 변화시키고 있다는 것이다.

기하급수적 변화란 '산술급수적 변화'에 대비되는 개념으로, 변화의 정도가 산술급수적 변화의 약 3,000만 배에 달한다. 예를 들어 산술급수적으로 30걸음을 걷는다고 하자. 한 걸음에 1m씩 30보 걸으면 30m를 갈 수 있다. 그런데 기하급수적으로 걷는다면 매 걸음 보폭이 직전의 2배가 되는 식으로 걷게 된다. 즉 '1m, 2m, 4m, 8m, 16m…'로 늘어나는 것이다. 이렇게 30보를 걷는다면 총 거리는 10억m다. 이는 지구를 26바퀴 도는 거리로, 산술급수의 3,000만 배에 달하는 수치다.

이렇게 빠른 속도로 세상이 변화하는 기하급수 시대에 기업은 어떻게 대응해야 할 것인가? 이 질문을 던지면 많은 이들이 플랫폼, 사물 인터넷, 빅데이터 등 최신 기술로 대응해야 한다는 것을 답으로 내놓는다.

하지만 기술은 최종적인 답이 아니다. 기술보다 중요한 것은 '일하는 방법'이다. 일하는 방법을 바꿔야 새로운 시대에 맞는 혁신을 시작할 수 있다. 실제로 4차 산업혁명 시대에 성공적으로 안착한 기업들의 공통점은 일하는 방법이 다르다는 것이다. 이들처럼 일하는 방법을 바꿈으로써 기하급수적으로 뻗어나가는 '기하급수 기업'이 되어야 한다.

이 책은 한국 기업이 일하는 방법을 혁신해 기하급수 기업으로 탈바꿈하기를 바라는 마음에서 탄생했다. 4차 산업혁명 최고 경영자 과정FRCC, 4th Revolution Club for CEO을 여는 등 한국에서 가장 먼저 4차 산업혁명의 파고를 감지하고, 이에 대한 연구와 교육을 시작한 IGM의 성과를 집대성한 결과물이기도 하다. 이 책을 통해 많은 사람들이 놓치고 있는 4차 산업혁명의 본질과 함께, 새로운 시대에 맞게 일하는 방법을 제시하고자 한다. 지금껏 누구도 경험하지 못했던 거대한 변화 앞에서 생존을 놓고 고심하는 이들에게 도움이 되기를 바란다.

2018년 여름,
장충동 IGM 사옥에서

전성철, 배보경, 전창록, 김성훈

차례

PART 3 대기업, 기하급수 기업으로 탈바꿈하라

PART 4 기하급수의 시대, 한국 기업은 어디로 나아갈 것인가

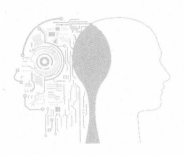

PART 1

4차
산업혁명이란
무엇인가

**100개의
레고 조각,
1억 개로
늘어나다**

      4차 산업혁명에 대해 의견이 분분하다. 하지만 이를 혁명이라고 할 수 있느냐 없느냐, 하는 논쟁은 무의미하다. 먼 훗날 그것이 설사 '혁명'이라는 단어를 붙일 수 없는 것으로 규명되더라도, 그 변곡점에 서 있는 우리에게 이처럼 상당한 규모의 변화는 '오늘의 혁명'일 수밖에 없고, 피할 수 없는 도전이기 때문이다. 우리는 역사가가 아니다.

    4차 산업혁명에 대한 설명도 다양하다. 여러 정의가 가능하지만 가장 쉽게 예를 든다면, 우리가 지금까지 갖고 놀던 100

개의 레고 조각이 갑자기 1억 개로 늘어난 상황에 비유할 수 있다. 한번 상상해보자. 레고 조각이 갑자기 이 정도 규모로 늘어나면 그것을 갖고 노는 방식에도 변화가 일어난다. 이전에는 큰 레고 하나에 작은 레고 4개를 붙여놓고 말이라고 부르면서 놀 수밖에 없었지만, 1억 개의 레고 앞에선 미술적 재능 차이가 두드러진다.

하지만 진짜 변화는 이런 것이 아니다. 현실을 모방하던 장난감에서 벗어나 현실을 대체하는 것으로 재탄생할 때 레고는 새로운 가능성을 얻는다. 1억 개의 레고라면 조립식 주택을 만들어 거주할 수도, 자동차를 만들어 탈 수도 있다(실제로 50만 개의 레고로 만든 공기 엔진 자동차가 있다). 자선단체와 협업해 조립식 주택 키트를 만들어 난민 캠프에 보급한다면 수많은 난민을 저렴한 비용으로 도울 수 있을 것이다.

이와 비슷한 사례는 컴퓨터의 역사에서도 찾아볼 수 있다. 우리가 아는 전자계산기가 나오기 전에도 컴퓨터는 존재했다. 17세기에 파스칼이 수동 계산기를 만든 이래, 인간은 뇌를 대신해 계산해줄 수많은 기계를 발전시켜왔다. 그러나 초기 컴퓨터의 연산 능력은 보잘것없었고, 불과 수십 년 전까지만 해도 컴퓨터는 대부분 자릿수가 많은 연산에만 동원될 뿐이었다.

　그러나 최근 30년간 기하급수적으로 계산 능력을 발전시켜온 덕분에, 이제 컴퓨터는 수많은 다른 기술과 결합해 인간의 삶 자체를 바꿔놓고 있다. 몇십만 원만 들이면 유전자를 분석하거나, 페이스북에 자신의 얼굴이 실린 사진이 올라오면 바로 알 수 있게 된 것도 눈부시게 발전한 컴퓨팅 능력 덕분이다. 기하급수적으로 향상된 컴퓨팅 능력은 예전 같았으면 마법이라고 했을 일을 현실로 만들고 있다.

　4차 산업혁명의 본질은 여기에 있다. '단지 규모가 커진 혁신일 뿐 혁명이 아니다'라는 주장이 놓치는 핵심이기도 하다. 레고 개수만 늘어나는 게 아니다. 늘어난 덩치는 새로운 차원의 사업을 가능하게 하고, 새로운 제품을 만들어내며, 새로운 사업 모델의 탄생을 유도한다. 또 이전 같았으면 연결되지 않았을 것들이 연결되면서 기존 산업을 한순간에 없애버린다.

　스티브 잡스가 아이폰을 들고 나왔을 때, 기타 튜너를 만들던 회사나 다이어리 제조사의 CEO는 어떤 미래가 펼쳐질지 알고 있었을까? 갑자기 늘어나버린 이 수많은 레고 조각 앞에서 무엇을 어떻게 만들어야 할 것인가? 이것이 오늘날 모든 기업이 직면한 과제다.

4차 산업혁명은 '연결의 혁명'이다

흔히 정보화 혁명이라고 하는 3차 산업혁명의 유산 속에서 어떻게 막대한 혁명의 가능성이 열릴 수 있었을까? 우리에게는 어떻게 해서 갑자기 1억 개의 레고 조각이 생기게 되었을까? 이는 융합, 공유, 기하급수라는 단어로 정리할 수 있다. 100개의 레고 조각이 1억 개로 늘어난 것은 바로 이 세 가지 현상이 상호작용했기 때문이다.

이 세 가지는 인류 역사상 한 번도 일어나지 않았던 현상이다. 그런데 이 세 가지가 복합적으로 연결되면서 새로운 가능성을 만들어내고 있으며 우리는 이를 '4차 산업혁명'이라 부른다. 이제 이 세 가지가 새로운 이유는 무엇이며, 어떤 잠재력을 갖고 있는지 이야기해보자.

4차 산업혁명을 설명하는 세 가지 _ 융합, 공유, 기하급수

3·4차 산업혁명은 1·2차 산업혁명과 근본적으로 다르다. 디지털 기술을 바탕으로 하기 때문이다. 디지털 기술이 없었다면 3·4차 산업혁명은 일어나지 않았을 것이다. 그런데 사람들이 헷갈리는 것이 바로 이 지점이다. 30~40년 전에 시작된 3차 산업혁명 역시 디지털 기술이 가져온 혁명이었기 때문이다.

인터넷·자동화·휴대폰 모두 디지털 기술 덕분에 태어났는데, 4차 산업혁명은 무엇이 다를까? 어떤 이들은 4차 산업혁명을 가리켜 몇십 년 전에 시작된 3차 산업혁명이 가속화된 것뿐인데, 호사가들이 혁명이라 부르며 호들갑을 떤다고 생각한다. 그렇다면 지금 이야기하는 4차 산업혁명의 디지털과 3차 산업혁명의 디지털은 과연 무엇이 다른지 묻지 않을 수 없다.

우선 디지털이란 한마디로 동물 몸에 존재하는 '신경'에 비유할 수 있다. 신경은 몸을 통제하는 제어장치다. 이 장치가 상호 연결됨으로써 몸이 하나의 유기체로 작동할 수 있다. 위가 비어 있으면 배고픔을 느끼게 하고, 어딘가 다치면 뇌에 고통을 전달해 치료하게 한다.

디지털 기술도 마찬가지다. 디지털은 물건의 세계에 심은 신경이다. 물건은 유기체가 아니므로 전자 신호를 사용하는 디지털을 통해 제어할 수 있다. 자동차 생산 라인에서 일하는 로봇 팔이 정확하게 작동하도록 하는 것도, 자동차 제어 계통에 문제가 생겨 급발진 사고가 일어나는 것도 물건의 신경인 디지털 때문에 생기는 일이다.

그런데 디지털은 단지 물건을 제어하는 기능에만 그치지 않았다. 기술 사상가인 케빈 켈리Kevin Kelly는 "비트는 움직이기를 원한다. 비트는 다른 비트와 연결되기를 원한다. 비트는 실시간으로 처리되기를 원한다. 비트는 중복, 복제, 복사되기를 원한다. 비트는 메타비트가 되기를 원한다"라고 말했다. 디지털은 공간을 차지하지 않고도 존재하며, 완벽하게 복제될 수 있고, 빛의 속도로 이동할 수 있다는 점에서 탈물질적인 속성을 지닌다. 물질을 제어하는 힘이 있으면서도 자신은 탈물질적인 초월성을 갖춘 어떤 것, 디지털 기술은 태생적으로 이런 이중성을 갖고 있다.

3차 산업혁명은 디지털 기술 중 이 '신경'적인 특성을 주로 이용한 것이다. 기존의 통신수단인 전화선을 이용해 인터넷 인프라를 구축한 것이나, 거기서 탄생한 이메일과 웹은 정보 전달이라는 디지털의 신경 메커니즘을 이용한 것이다. 제조업에서 사용하는 자동화 역시 물리력을 제어하는 신경으로서 디지털 기술을 이용한 것이다. 이처럼 기업이 각종 프로세스에 디지털 기술을 적용해 생산성을 획기적으로 끌어올린 것이 바로 3차 산업혁명이다.

그렇다면 4차 산업혁명에서 디지털이란 무엇인가? 그것은 한마디로, 디지털 기술이 특수 목적을 구현하는 수단을 넘어 이 세상 모든 것을 서로 연결하는 매개체가 되는, 지구적 규모의 범용 기술general purpose technology로 변화한다는 의미다. 이제까지 디지털이라는 신경이 팔을, 다리를, 머리를 연결해왔던 데 반해, 4차 산업혁명의 디지털은 지구라는 몸 전체를 통합해 연결한다는 데서 새로운 도약의 계기가 마련된다. 그래서 일부에서는 4차 산업혁명을 '연결의 혁명'이라고 부른다.

우리가 잘 아는 사물 인터넷IoT은 문자 그대로 모든 무생물에 생명을 준다. 이는 신경을 심어주는 것과 같다. 생명을 얻은 무생물은 서로 교류하고 통신해 지구촌을 하나의 거대한 생명체로 만들어가고 있다. 위가 비면 위에 있는 신경이 뇌에 배고픈 느낌을 전달하고 뇌가 손의 신경을 움직여 음식을 입에 넣듯이, 전체가 하나로 연결된 사물은 이전에는 상상할 수 없었던 결과를 낳을 수 있다.

이처럼 세상 모든 물건이 디지털로 서로 연결될 때 인류의 삶은 더 편리해지고 윤택해지며 안전해질 것이다. 예를 들어 자율주행차를 기반으로 한 교통 시스템이 완성된다면, 머잖아 교통사고는 사라질 것으로 보인다. 인간이라는 위험 요소가 사라지면 그것을 위해 존재하던 제한속도나 불필요한 교통 규칙 역시 없어질 것이다. 설사 교통사고가 나더라도 그 뒤로 물결처럼 퍼져나가던 교통 정체도 없을 것이고, 교차로에선 차들이 규칙적으로 가로질러 주행하면서 교통 흐름이 훨씬 원활해질 것이다. 어쩌면 자동차 때문에 사람이 사망하는 일도 더 이상 없을지 모른다.

이처럼 각 요소가 매우 강하게 연결되어 마치 하나의 유기체처럼 움직일 때 그것을 '융합'이라 부른다. 4차 산업혁명에서 이러한 융합을 가능케 하는 것은 실제 신경이나 전선이 아니라, 그걸 타고 흐르며 완벽하게 호환되는 정보 비트와 그것들을 처리하는 알고리즘, 즉 디지털이다. 그리고 조직이나 시스템의 모든 요소를 디지털을 바탕으로 완벽하게 연결한 융합 상태가 바로 최근 모든 기업의 화두인 디지털 트랜스포메이션Digital Transformation, DT이다.

디지털 융합은 그리 낯선 개념이 아니다. 애플이 2007년 맨 처음 아이폰을 시장에 선보였을 때를 떠올려보자. 액정과 내장 스피커, 내장 마이크, 이어폰 단자와 카메라, 가속도계와 각종 센서 등 아이폰에 적용된 하드웨어는 새로운 것이 아니었다. 다른 것이 있다면 이 모든 걸 움직이는 독자적인 운영 체제였다. 잡스는 이를 융합해 새로운 제품을 만들어냈을 뿐만 아니라 앱스토어를 모두에게 공개하고 개발자와 소비자의 이해관계를 일치시켰다.

그러자 우리가 아는 일이 벌어졌다. 누군가는 이런 생각을 떠올렸다.

'기타 줄을 조율할 때마다 튜너를 갖고 다니는 건 너무 불

편해. 아이폰에 있는 마이크와 운영 체제를 이용하면 기타 튜닝 앱을 만들 수 있을 거야.'

이 생각은 기타 튜너를 만드는 공장이 문을 닫게 만들었다. 한편 누군가는 또 이런 생각을 했다.

'아이폰에 GPS와 가속도계가 들어 있으니 조깅에 최적화된 앱을 만들자.'

그러자 만보기 제조업체의 매출이 줄어들었다. 나이키 같은 러닝화 메이커는 앱과 연동되는 신발을 만들었다. 아이폰의 운영 체제와 앱은 디지털로 만든 것이다. 그것들은 폰에 들어 있는 몇 가지 기계 장치와 결합하면 세상 어떤 것으로든 변신할 수 있었다. 조그만 휴대폰에 다운로드된 앱이 각각에 해당하는 전통 제조업을 무너뜨린 것이다.

여기서 더 나아가 스마트폰이 직장 또는 집 안 모든 사물에 연결된다면 어떻게 될까? 내 동선과 소비 패턴, 내가 보고듣고 말하는 것이 모두 합쳐져 분석된다면? 나뿐 아니라 나와 소통하는 모든 사람의 자취가 기록되고 분석되어 내게 영향을 끼친다면?

나보다 나를 더 잘 아는 시스템이 나를 둘러싸서 내가 어떤 것을 먹고 싶어 하기 전에 먼저 그것을 가져다준다면? 필요할 때마다 알아서 할 일을 지정해주고, 내가 가장 좋아하는 영화와 음악을 골라준다면? 내가 언제 아플지 예측해 약을 처방해준다면? 내 아이의 자질과 재능에 맞는 교육 프로그램을 짜준다면?

만약 이런 일이 현실에서 벌어진다면 예전처럼 텔레비전 코드를 뽑고 휴대폰을 꺼도 개인과 세계의 연결은 끊어지지 않는다. 나의 취향을 노출하지 않고 온라인에서 쇼핑하는 것은 이미 불가능하며, 회사는 직원의 모든 동선과 업무를 파악할 수 있다.

4차 산업혁명은 이처럼 모든 것을 최대한의 강도로 '연결'하며, 국지적인 '단락'은 점차 불가능하게 만든다. 미래의 삶과 일이 블랙홀처럼 빨려 들어갈 수밖에 없는 강한 중력장, 그것이 바로 4차 산업혁명을 목전에 둔 우리의 상황이다. 특히 4차 산업혁명의 '융합' 중에서도 특히 주목할 것은 다음 세 가지 경우다. 두 세계가 융합해 새로운 차원의 세계를 만들어낼 가능성이 무척 크기 때문이다.

· 인간과 기계의 융합
· 현실과 가상의 융합

· 공학과 생물학의 융합
· 위 3개 융합 간의 2차 혹은 3차 융합

인간과 기계의 융합

인간과 기계의 결합 혹은 융합은 그간 공상 과학소설이나 영화에서나 주로 다루어왔다. 언젠가는 이루어질 수도 있는 일이지만 내가 살아 있는 동안은 거의 실현될 일이 없는, 상당히 먼 시점의 이야기로 여겨진 것이 사실이다.

그러나 사실 상상력으로 그려낸 전면적인 융합은 아니더라도, 이미 인간은 기계와 상당한 정도로 융합돼 있다. 미디어 사상가 마셜 매클루언Herbert Marshall McLuhan이 간파했듯이, 옷은 피부의 연장이고 바퀴는 발의 연장이며 전기는 중추신경의 연장이라면, 이미 우리 세계는 수많은 연장 기계 장치로 구성돼 있다. 우리는 발의 연장인 자동차를 타고 출근하며, 귀와 입의 연장인 전화기로 통화하고, 눈의 연장인 텔레비전을 본다. 그런데 4차 산업혁명에서 이루어지는 융합은 이런 3차 산업혁명적 상황을 넘어 좀 더 본격적이고 본질적이다. 이는 기계 세계가 '인간다움'의 영역에 진출하면서 현실화되었다.

지능, 감정, 창조력. 이 세 가지 역량은 전통적으로 인간이 기계에 대해 압도적 우위를 보이던 능력이었다. 컴퓨터와 대화해서 상대가 인간인지 인공지능인지 판별하는 튜링 테스트 역시 바로 이런 '인간적인' 특징을 확인하는 테스트였다. 그런데 최근 바로 이 지점에서 기계(로봇)가 인간과 대등한 능력을 보이거나 심지어 인간을 능가하고 있다. 이 능력이 더 이상 인간만의 영역일 수 없게 된 것은 인간과 기계의 관계를 새로 정립하게 만든다.

배우는 기계의 등장

최근 인공지능 분야에서 가장 획기적인 사건은 알파고와 이세돌의 바둑 대국이다. 향후 인공지능의 역사에서도 2016년은 중요한 분기점으로 기록될 가능성이 크다. 1997년 러시아 체스 마스터 게리 카스파로프가 IBM의 슈퍼컴퓨터 딥블루에 패했을 때에도 사람들은 큰 충격을 받았다. 그러나 체스에 비해 경우의 수가 거의 무한대인 바둑의 영역은 단순한 계산 알고리즘으로는 극복하기 어려울 거라는 견해가 지배적이었다. 하지만 이세돌이 가까스로 1승을 거둔 이후 사람과 알파고의 대결은 더 이상 뉴스가 되지 못했고, 이후 알파고는 자신의 복제 프로그램과 벌인 대국으로 점점 더 기량을 넓혀가고 있다.

인간은 타고난 지능으로 평생을 살아야 한다. 경륜이 쌓이면서 더 현명해질 수는 있지만 지능 자체가 높아지지는 않는다. 이는 인공지능도 마찬가지였다. 인공지능이 인간을 앞서는 것은 오로지 기억력과 연산 부문뿐이었다. 덕분에 인간은 주로 기억과 연산 부문만 기계에 의지할 뿐, 보다 창조적인 활동은 기계에 내주지 않았다. 인간처럼 기계도 만들어질 때의 지능으로 고정된 채 살아가야 했다.

그러나 최근의 인공지능은 다르다. 인간과 달리 이제 인공지능은 스스로 학습하면서 지능을 계속 높여나갈 수 있다. 딥마인드DeepMind를 비롯한 혁신적인 여러 프로그래밍의 발전 덕분에 인공지능은 주어진 알고리즘을 발전시켜 판단 능력을 진화시켜나갈 수 있게 되었다. 이세돌과 대국한 알파고는 인간의 기보 16만 건을 바탕으로 했지만, 그 후 등장한 알파고 제로AlphaGo Zero는 기보 없이 바둑 규칙만 갖고 스스로 학습한 끝에 3일 만에 알파고를 100 대 0으로 완파했다. 이때 알파고 제로가 스스로 학습하기 위해 둔 대국만 2,900만 회에 이른다. 밥을 먹지도, 잠을 자지도 않으며 후퇴 없이 오로지 목

적을 이루기 위해 무한한 연습을 하는 생각하는 존재가 나타
난 것이다.

그간 인간은 단순한 알고리즘으로는 복잡한 판단을 할 수
없다고 결론을 내리고 인공지능을 대단한 존재로 여기지 않
았다. 그러나 최근 딥 러닝deep learning 기술의 발전은 오히려 그
'판단 능력'이야말로 인공지능이 인간보다 더 뛰어날 수 있는
분야라는 걸 증명해 보였다.

이 기하급수적인 학습 속도와 경제적 가치를 생각한다면,
다양한 자료를 보고 복잡한 판단을 내리는 일이 앞으로 누구
에게 맡겨질지는 자명하다. 사람을 살리는 엑스레이 판독부터
복잡한 도로 설계까지, 과연 편향과 실수가 가득한 인간에게
중요한 판단을 맡기게 될까?

기계도 감정을 느낀다

인간을 만물의 영장이라고 할 때 가장 큰 특징으로 감정이
있다는 점을 꼽곤 한다. 기억이나 계산 능력 등은 기계가 인간
보다 우월할지라도, 계산할 수 없는 영역인 감정만큼은 인간
만의 고유한 영역으로 여겨져왔다. 그러나 이조차 조만간 기
계가 잠식할 가능성이 커졌다.

소프트뱅크Softbank가 만든 '페퍼Pepper'라는 로봇은 인간과 감정적으로 소통하는 인간형 로봇이다. 카메라와 3D 센서를 통해 인간의 표정을 읽고, 감정 엔진으로 인간의 심리를 추측해 대응한다. 주인이 퇴근해서 돌아와 이런저런 일상을 이야기하면, 페퍼에 연결된 인공지능은 주인의 기분을 맞춰주며 대화한다. 각각의 페퍼가 개별적으로 상황을 분석하고 대응하는 게 아니라 클라우드 방식으로 연결된 인공지능이 페퍼를 통해 데이터를 수집하고 감정을 표현하는 것이기 때문에, 점차 감정을 파악하고 대응하는 방식이 개선될 것으로 보인다.

페퍼의 초기 모델 가격은 200만 원 정도였고 월 사용료를 내는 방식이었는데, 2015년 시판되자마자 1분 만에 1,000대가 모두 팔려 화제가 됐다. 일본에서 현재 이 로봇의 주요 구매층은 은퇴한 독거노인이다. 특히 노인들의 약 먹는 시간을 체크하거나 몸의 이상을 감지하는 간호 능력도 갖출 수 있어, 단순한 이야기 상대뿐 아니라 주인의 위급 상황에도 대응할 수 있을 것으로 보인다.

사실 감정 로봇이 스스로 감정을 느끼는 것은 아니다. 아직 자의식을 갖출 정도의 인공지능을 개발한 것은 아니고, 인간의 감정을 파악해 적절히 대응하는 시스템을 발전시키는 정도다. 그러나 사실 사람의 감정 역시 특별하고 신성한 발생 기전이 있는 것은 아니고, 수많은 조건과 맥락 속에서 일정한 패턴으로 생성되는 것임이 차츰 밝혀지고 있다. 무엇보다 이런 감정 로봇이 간단한 안내나 가사 도우미 등의 역할은 얼마든지 맡을 수 있음을 생각한다면, 이 분야에 종사하던 사람들을 대체할 것임은 분명하다. 어릴 적부터 가사 도우미 로봇과 함께 자라는 세대가 나타나고, 그들이 로봇을 지금의 반려동물만큼 친숙하게 느낄 수도 있다. 인류는 처음으로 준-인격 무생물과의 동거 시대에 접어들고 있다.

창조성은 더 이상 인간만의 것이 아니다

감정과 함께 인간의 고유한 영역으로 간주되어온 것이 바로 창의성이다. 학습과 판단이 아닌, 보통 '영감'이라는 말로 대표되는 창조성이야말로 기계적인 알고리즘으로는 따라올 수 없는 인간만의 특권으로 생각했다. 그러나 이 분야 역시 최근 인공지능에 자리를 내주고 있다.

샌타크루즈 캘리포니아대학교 교수 데이비드 코프는 바흐의 곡풍을 따라서 작곡하는 프로그램, EMI를 만들었다. EMI가 작곡한 곡을 사람들에게 들려주었더니 청중은 컴퓨터가 작곡한 것이라는 걸 전혀 눈치채지 못하고 음악성에 찬사를 보냈다. 코프 교수는 그 후 EMI를 더 발전시켜 라흐마니노프, 베토벤, 쇼팽 등 다른 작곡가들의 스타일을 분석해 그들의 작품과 비슷한 곡을 만들어내도록 했다. 그렇게 작곡된 곡을 모아 앨범을 내기까지 했다.

이에 불만을 품은 오리건대학교 스티브 라슨 교수는 한 가지 제안을 했다. 자신이 작곡한 곡과 오리지널 바흐의 곡, 그리고 EMI가 작곡한 곡을 피아노로 연주하고 청중이 구별하도록 하자고 한 것이다. 그런데 의외의 결과가 나왔다. 청중은 EMI의 곡을 바흐의 곡으로 판단했고, 바흐의 곡을 라슨의 것으로, 라슨의 곡을 EMI가 작곡한 곡으로 생각했다. EMI의 곡이 '오리지널'에 가장 가까운 것으로 평가받은 셈이다. 물론 음악, 특히 고전주의의 대표 주자인 바흐의 음악은 형식상 특징이 뚜렷해 인공지능도 얼마든지 따라 할 수 있다는 비판을 제기할 수 있다. 그럼 회화에서는 어떨까?

구글이 개발한 그림 그리는 인공지능 딥드림Deep Dream은 주어진 이미지를 재해석해서 독창적인 스타일의 그림으로 표현한다. 예를 들어 고흐의 〈별이 빛나는 밤〉과 파스텔화를 같이 보여주면 〈별이 빛나는 밤〉의 테마를 파스텔풍으로 그리는 식이다. 이런 식으로 만든 작품은 창조성 면에서 봐도 부족함이 없고, 묘한 매력을 지니고 있다. 딥드림은 이런 식으로 그린 작품 29점을 팔아 9만 7,000달러를 벌었다.

딥드림이 다양한 그림을 섞어 새로운 패턴을 창조해낸다면, 한 가지 패턴만 집요하게 파고든 인공지능 화가도 있다. 마이크로소프트와 렘브란트 미술관, 네덜란드 과학자들이 개발한 넥스트 렘브란트The Next Rembrandt라는 로봇 화가는 렘브란트의 작품 346점을 분석해서 철저하게 렘브란트 화풍으로 작품을 그린다. 풍경이나 자화상, 군상 등 테마도 다양하며, 비전문가가 보면 렘브란트의 진품과 구분하기 어렵다.

이 두 인공지능 화가가 기존의 패턴을 해석해 비슷한 다른 패턴을 만드는 것에 불과하다고 생각할 수도 있다. 그러나 스스로 형태와 색채를 선택해 창조적인 그림을 그리는 인공지능도 있다. 예일대학교 교수 헤럴드 코언이 개발한 아론Aaron이라는 로봇 화가가 바로 그것이다. 아론은 그림의 테마와 형태 모두를 자유롭게 만들어낸다. 구상화의 경우 아직은 미숙한 모습이 보이지만, 추상화는 인간의 작품과 구별하기 어렵다.

의심 많은 사람이라면 이렇게 말할지도 모르겠다. "음악이나 그림이나 모두 일정한 패턴을 흉내 내는 데 불과하다. 모방에 특화된 프로그램은 얼마든지 그런 흉내는 낼 수 있지만, 인간처럼 창조성을 발휘하는 것은 아니다." 물론 아직은 그런 단계임에 분명하다. 그럼 문학처럼 복잡하고 의미층이 깊은 경우라면 어떨까?

앞에서 EMI를 개발한 데이비드 코프 교수는 인공지능이 짧은 하이쿠(일본 고유의 짧은 시)를 짓게 하고, 이를 사람이 지은 하이쿠와 섞어 출판하기도 했다. 이 역시 구별하기 쉽지 않다. 하이쿠 자체가 일반적인 문장이 아닌, 의미를 축약한 시이므로 그렇다고 할 수도 있다.

그러나 소설 부문에서도 인공지능의 활약은 놀라울 정도다. 2016년 일본에서는 인공지능이 쓴 소설이 '호시 신이치상'이라는 SF상의 1차 심사를 통과하는 일이 일어났다. 3쪽 분량으로 인공지능의 생각과 감정을 묘사하는 이 단편소설의 제목은 「컴퓨터가 소설을 쓴 날」이었다. 그 후 몇 달 뒤엔 인공지능이 쓴 소설 『현인강림賢人降臨』이 실제로 출판되기까지 했다. 후쿠자와 유키치, 니토베 이나조 등 기존 작가들의 작품을 딥러닝으로 학습한 후 몇 가지 주제에 답하는 내용의 소설이다.

이쯤 되면 '그래도 아직은 사람만 못해'라고 자위하는 건 부질없는 일이다. 먹지도 자지도 않고 특정 분야의 과제를 엄청난 속도로 수행하는 기계가 인간의 영역에 진출하기 시작했다는 데 사안의 중요성이 있다. 여전히 예술이나 창조성 측면에서 인간만 못하다고 해도, 엄청난 생산력과 경제성은 기존의 수많은 대중 예술 수요를 대체하고도 남는다.

만약 조용한 카페 음악을 끊임없이 만들어내는 인공지능 프로그램이 있다면, 레스토랑 사장은 기존 저작권 음악 패키지를 구입할까? 당신이 그럴듯한 초상화를 갖고 싶을 때, 50만 원을 주고 화가에게 맡길 것인가, 넥스트 렘브란트에 값싸게 의뢰할 것인가(심지어 딥드림은 온라인으로 공짜로 이용할 수도 있다)? 소설의 표지 그림을 그릴 때, 가게의 간판 서체가 필요할 때, 이런 인공지능 작품은 그 무엇보다 훌륭한 대안이 될 것이다. 라디오와 텔레비전이 발명된 후 그 많던 동네 가수가 사라졌다는 사실을 잊어선 안 된다.

조용히 세상을 바꾸는 기계들

앞에서 말한 다양한 분야에서 혁신이 시도되고 있지만, 이미 가장 큰 대체 효과를 발휘하는 혁신이 기존 산업 분야를 바꾸고 있다. 가장 대표적인 사례로 혁신 기업 아마존을 들 수 있다.

아마존은 창업주 제프 베이조스의 리더십 아래 고객의 요구에 맞춰 끊임없이 혁신을 추구하는 기업으로 유명하다. 특히 아마존은 최근 세 가지 로봇을 도입해 이목을 끌고 있다. 첫 번째는 스마트홈 스피커에 적용된 인공지능 비서 알렉사Alexa로, 단순한 스피커 역할이나 주문을 돕는 정도에 그치지 않고 점차 스마트홈의 허브이자 아마존 월드에 소비자를 '록인lock in'하는 역할을 충실히 수행하고 있다. 비슷한 역할을 하는 챗봇인 아마존 렉스Amazon Lex 역시 인간의 말을 알아듣고 맥락에 맞춰 답변을 제시하는 인공지능 로봇이다.

마지막으로 아마존 물류 창고에서 물건을 실어 나르는 키바KIVA가 있다. 키바는 방석처럼 생긴 튼튼한 짐꾼 로봇으로, 바닥에 달린 바퀴로 빠른 속도로 이동하며 위에는 지게차처럼 물건을 들어 올리는 장치가 있다. 이 로봇이 혁신적인 이유는, 기존의 물류 시스템과 달리 제품을 포장하는 사람이 물건 쪽으로 이동할 필요가 없도록 보조한다는 점이다.

키바는 선반 자체를 사람 앞에 가져다준다. 또 340kg까지 들 수 있도록 설계된 데다가, 물류 창고 바닥에 있는 바코드를 읽어가면서 정확히 선반을 가져오기 때문에 효율성이 획기적으로 높아졌다. 기존엔 주문 하나를 처리하는 데 90분 걸리던 것이 키바를 도입한 이후 15분으로 단축됐다.

앞으로 로봇 기술이 더 발전해 최소한의 인력조차 필요 없어진다면, 인간을 배려한 기존 동선도 없애고 창고를 더 빽빽하게 채울 수 있을 것이다. 아마존은 키바 때문에 해고된 사람은 없다고 말하지만, 적어도 더 많은 사람을 뽑을 필요가 없어진 것은 분명하다. 사람의 직업 중 상당 부분은 기계와 제로섬 게임을 벌이게 될 것이다.

현실과 가상 세계의 융합

가상virtual이란 사이버 스페이스에서 현실을 대체하는 것이다. 사실 사이버 스페이스는 익숙한 개념이다. 우리는 싸이월드에서 도토리를 주고받고 〈바람의 나라〉에서 게임을 즐겼다. 그러나 그건 어디까지 '바라만 보는' 세계였다. 4차 산업혁명의 사이버 스페이스는 더 이상 바라보는 세계가 아니라 직접 들어가서 경험하는 세계다.

물론 경험하는 사이버 스페이스도 없지 않았다. 닌텐도는 닌텐도 위wii부터 닌텐도 스위치switch에 이르기까지, 현실 세계에서 취하는 게임 동작을 온라인 가상 세계와 결합하기 위해 부단히 노력해왔다. 그러나 이처럼 '경험하는' 사이버 스페이스는 대부분 게임에 국한되어온 것이 사실이다. 그러다 최근 현실에까지 파고든 것이 바로 스크린 골프다. 골프는 동작은 단순하지만 규모가 큰 공간이 필요한 스포츠인 데다, 지불능력이 있는 성인을 대상으로 하는 스포츠라는 점이 현실화를 가능하게 만들었다.

앞으로는 이런 스크린 골프같이 인간이 직접 경험하는 사이버 스페이스가 폭발적으로 늘어날 것이다. 그것을 가속화하는 것이 바로 가상현실virtual reality 기술, 바로 '증강현실augmented reality' 기술이다. 불과 100년 전까지만 해도 오락은 '읽는 것'에 국한되어 있었다. 그러다 약 100년 전에 라디오가 생김으로써 '듣는' 오락이 생겼다. 그리고 20세기 중반에 텔레비전이 발명됨으로써 듣는 오락이 '보는' 오락으로 발전했다.

이제 '보는' 오락은 '경험하는' 오락으로 대체될 것으로 보인다. 앞으로 각 가정에는 TV 대신 EV, 즉 '익스피리언스 비전Experience Vision'이 놓일 것이다. 공중전화 박스 서너 개 정도 사이즈의 EV는 경험하는 엔터테인먼트를 즐기게 해줄 수 있다. 예를 들어 알프스산을 등반하고 싶다면 알프스산의 등산로와 경치가 눈앞에 펼쳐질 것이고, 베토벤 교향곡 9번을 지휘하고 싶다면 오케스트라가 나타나는 식이다.

공상 과학소설 속 이야기 같지만, 이미 이런 가상현실 게임을 갖춘 게임 센터가 속속 생겨나고 있다. 이런 게임은 기존 게임과 달리 몰입도가 매우 높으며, 가상임을 알면서도 실제와 다름없이 생생한 체험을 하게 해준다. 예를 들어 빌딩 꼭대기 난간 위에 있는 케이크를 집어 오는 게임이나 고공 낙하 게임 등은 가상과 실제를 구별하지 못하는 인지 시스템을 잘 활용한 게임이다.

4차 산업혁명의 사이버 스페이스는 여기에 그치지 않는다. 기존 가상현실이 주로 게임이나 여가 활동 등에 응용됐다면, 앞으로는 일상에도 적용될 가능성이 높다. 특히 교육과 쇼핑, 교통 분야의 혁신은 가히 혁명적일 것으로 예견된다. 사람들은 매장에 가지 않고 3D를 이용해 자신의 체형에 잘 맞는 옷을 고를 수 있을 것이고, 아이들은 증강현실을 통해 공룡의 신체 구조를 자세히 배울 수 있게 된다. 자율주행 자동차 앞 유리창에는 주변 음식점의 할인 쿠폰과 실시간 예약 상황, 도로 상황 등이 표시될 것이고, SNS 친구들과 가상 카페에서 만나게 될지도 모른다.

이 모든 것이 어떤 점에서는 기존 기술의 강화 내지는 발전에 불과하겠지만, 몇몇 부문에서는 기존에는 침투하지 못했던 인간의 영역을 차지하게 될 것이 분명하다. 인공지능과 사랑에 빠지는 인간을 다룬 영화 〈그녀Her〉에서 보듯이, 특히 인공지능의 발달은 인간의 감성이라는 새로운 사업 영역을 발견해낼 것이다. 영화에서 보는 것처럼 완벽한 인격체는 아니더라도, 자신의 취향을 잘 알고 오랫동안 소통하며 익숙해진 인공지능 인격은 인간에게 충분한 애착의 대상이 될 수 있다. 기업은 저마다 매력적인 가상 인격을 만들어내기 위해 연구에 몰두할 것이다. 어쩌면 인공지능 인격의 지위에 철학적 질문을 던져야 할지도 모른다.

보다 정교하고 끊임없이 학습하는 인공지능 인격이 등장하는 한편, 뇌 과학과 인지 과학이 인간 역시 조건화된 유전체와 환경의 복합체일 뿐임을 증명해낼 때, 사람들은 도대체 인간다움이란 무엇인지 진지하게 묻지 않을 수 없을 것이다. 4차 산업혁명이 불러일으킬 가상현실의 파도는 수많은 사업 기회를 만들어내는 한편, 존재의 사다리에서 인류의 위치를 생각하게 한다.

공학과 생물학의 융합

인간과 신은 여러 면에서 다르다. 그중 하나가 창조하는 방법이다. 인간은 공학적으로 창조한다. 그러나 신은 생물학적으로 만든다. 즉, 인간은 물건을 만들고 신은 생명을 만든다는 차이가 있었다.

그런데 4차 산업혁명은 바로 이 구분을 무너뜨리고 있다. 이제 인간이 무생물을 넘어 생명의 기본 요소를 만들고 바꾸고 조작할 뿐 아니라, 급기야 지금까지 존재하지 않던 새로운 생명을 창조하기 시작했기 때문이다. 물론 인류는 수만 년 전부터 가축을 교배해 동물계에 간섭해왔고, 육종을 통해 입맛에 맞는 식물을 탄생시켜왔다. 그래서 개만 하던 말이 지금 크기처럼 커졌고, 쌀알만 하던 옥수수가 방망이만 해졌다. 이 과정은 무척 더디고 우연적 요소가 많은 데다가 아종 간의 교배라는 일종의 한계가 있었다. 그러나 최근 생명공학의 발전은 이전까지와는 비교도 할 수 없는 힘을 보여준다.

예를 들어 2013년 하와이대학교 의대와 이스탄불대학교 연구 팀은 야광 해파리의 DNA를 토끼에 이식해 밤에 빛을 내는 야광 토끼를 만들어냈다. 자연 상태에서는 만날 일조차 없는, 계통이 전혀 다른 두 종의 생물을 섞어 새로운 종을 창조해낸 것이다.

그뿐만이 아니다. 쥐의 등에서 사람 귀가 자라나게 하는가 하면, 죽은 반려동물의 세포로 똑같은 동물을 만들어내는 복제 사업이 떠오르고 있다. 특히 최근 크리스퍼CRISPR 유전자 가위의 등장으로 이제는 DNA의 염기 서열 자체를 쉽게 편집할 수 있게 됐다. 생물의 유전체를 마음대로 짜깁기할 수 있게 된 것이다.

이에 따라 생물의 편집 단위는 갈수록 정교해지고 있으며 규모는 커지고 있다. 교배에서 세포 조작으로, 유전체 편집으로 기술이 발전하면서 심지어 생물 요소를 공업화하는 데까지 이르고 있다. 캘리포니아에 있는 볼트 스레드Bolt Threads라는 회사는 효모균과 설탕에 거미의 DNA를 적용해 새로운 섬유를 생산한다. 이 섬유는 강철보다 강하고 스판덱스보다 신축성이 좋으며 비단보다 부드럽다.

보스턴에 위치한 징코 바이오웍스Ginkgo Bioworks는 재배하기 까다로운 식물이나 멸종된 꽃의 DNA를 활용해 새로운 향수를 개발한다. 이런 방식을 적용하면 실제 장미를 재배해 향수를 추출하는 기존 방식보다 50% 내지 90%까지 비용을 절감할 수 있다고 한다.

생명공학 분야에서 가장 기대를 모으는 것은 배양육, 즉 인 공 고기 생산 기술일 것이다. 빌 게이츠가 투자해 더욱 유명 해진 이 기술은 소의 조직을 떼어내 줄기세포, 근육세포, 근육 섬유로 점차 배양해나가는 것이다.

2013년 실험 초기 단계에서는 햄버거 패티 하나를 만드는 데 3억 7,000만 원가량이 들었지만, 지금은 100g에 1만 원까 지 생산비가 낮아졌다. 물론 더 낮아지는 건 시간문제다. 다른 어떤 기술보다 이 기술이 각광받는 것은 환경과 윤리 문제에 미치는 영향이 크기 때문이다. 현재 지구를 위협하는 온난화 의 큰 원인 중 하나인 온실가스 중 상당량이 소가 먹이를 먹고 소화시키는 데서 나온다. 또 식용 가축의 동물권 문제 등도 갈 수록 윤리적 논의 대상이 되고 있다. 만약 배양육 기술이 현실 적인 수준까지 발전한다면 이 두 가지 문제를 근본적으로 해 결할 수 있을 것이다.

이 같은 생명공학, 합성생물학의 발전은 인류가 이제까지 겪어보지 못한 여러 문제와 기회를 동시에 제공한다. 인류는 생물계에서 처음으로 신과 같은 막강한 힘을 손에 쥐게 되었 지만, 그것들이 불러올 결과에 대해선 아직 통제하지 못하고 있다. 이는 알파고를 개발했으면서도 알파고가 왜 그런 바둑을 두었는지는 정확히 알지 못한다는 프로그래머의 고백과 묘하게 오버랩된다.

인류는 이제 무생물을 넘어 생물마저 마음대로 다루게 되었지만, 그것들이 정확하게 원하는 결과만 가져다줄지는 알 수 없다. 4차 산업혁명 시대의 생명공학은 이제까지와는 차원이 다른 질문을 던지고 있다.

세 가지 융합 간의 2차 융합

4차 산업혁명의 미래가 우리 시대를 크게 바꿀 것이라고 예견하는 이유는 단지 이 세 가지 융합 때문만은 아니다. 이 세 가지 융합의 결과가 또다시 무한대로 재융합될 수 있기 때문이다.

인간과 기계의 융합, 현실과 가상 세계의 융합, 공학과 생물학의 융합은 그 자체로 머물지 않고 수없이 다양한 이종교배를 낳으면서 새로운 사업과 기회를 만들어낼 것이다. 앞에서 예로 들었듯이 작곡용 인공지능을 만든 데이비드 코프 교수는 시를 쓰는 인공지능도 만들 수 있다. 그 인공지능이 쓴 시를 모은 시집은 아마존 키바를 통해 포장되어 인공 안구를 착용한 사람의 손에 건네질 수도 있다. 앞으로 부모가 원하는 유전자를 지니고 태어난 아이들이 가사 로봇의 도움을 받으며 거미 유전자를 응용한 실로 만든 옷을 입고, 가상현실과 증강현실로 합성생물학을 배우게 될 것이다.

유전과 환경, 생물과 무생물, 인간과 동물의 경계가 모호해지고 수많은 가상공간이 중첩된 세계에서 살아갈 때, 인간은 무엇을 생각하고 무엇을 원하게 될 것인가? 현존하는 사업 중 어떤 것이 사라지고 어떤 것이 팽창 혹은 분화될 것인가? 100개의 레고가 1억 개로 폭발할 가까운 미래, 수많은 가능성을 어떻게 조립하고 연결할 것인가?

새로운 가능성이 폭발하듯 탄생하는 시대, 4차 산업혁명 시대의 초입에 선 우리는 이 거대한 변화를 어떻게 받아들여야 할지 고민해야 한다. 이러한 질문은 4차 산업혁명이 단순히 경제·산업 분야의 변화에 그치는 것은 아님을 깨닫게 해준다.

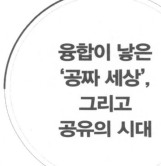

융합이 낳은
'공짜 세상',
그리고
공유의 시대

      4차 산업혁명을 묘사하는 가장 섬뜩한 말이 무엇이냐고 물으면 이렇게 답하고 싶다.

"앞으로 10년 내에《포천》이 선정한 500개 기업 중 200개 가 사라질 것이다."

이는 시스코를 위대한 기업으로 성장시킨 존 체임버스John Chambers 전 회장의 예언이다. 4차 산업혁명 분야의 최고 구루 인 비벡 와드하Vivek Wadhwa 카네기멜런대학교 교수는 한술 더 떠서 200개가 아니라 300~400개 기업이 사라질 것이라고 말한다.

《포천》선정 500대 기업에 들려면 적어도 5조~10조 원 정도의 연 매출을 올려야 한다. 결코 적은 금액이 아니다. 그런데 이런 초거대 회사 중 절반이 10년 안에 망할 거라니, 이 무슨 황당한 주장인가? 놀라운 사실은 이 주장이 갈수록 전문가들에게 실현 가능한 이야기로 인정받고 있다는 것이다. 사실 4차 산업혁명의 본질을 제대로 꿰뚫는다면 이 예언을 수긍할 수 있다. 바로 '공유'라는 4차 산업혁명의 본질 때문이다.

공유란 한마디로 '대부분이 공짜'인 세상을 말한다. 21세기에 들어 이 세상에는 공짜가 아주 많아졌다. 메일을 공짜로 보내고, 사진을 공짜로 찍고, 직업을 공짜로 구하고, 친구를 공짜로 얻고, 게임을 공짜로 하고, 전화도 공짜로 하고, 광고마저 공짜로 한다. 심지어 컴퓨팅 서비스까지 공짜로 이용할 수 있게 됐다. 어떻게 이렇게 가치 있는 것들이 모두 공짜가 되어버렸을까? 그리고 이런 서비스를 사람들에게 공짜로 제공하는 회사가 어떻게 세계적으로 손꼽히는 회사가 되었을까?

공짜는 융합의 결과다. 구글이 지메일이나 웹 오피스 프로그램을 공짜로 제공하는 이유, 페이스북이 서비스 사용료를 받지 않는 이유를 하나하나 따져보면 본질은 같다. 융합 때문이다. 4차 산업혁명 시대에는 거대 기업이 가치 사슬과 사업 구조를 수직 계열화하고 이익 모델을 교묘하게 설계하기 때문에 겉으로는 서비스를 공짜로 제공하는 것처럼 보인다. 페이스북은 사용자가 많을수록, 그들이 긴밀하게 연결될수록, 그들이 페이스북 공간에 오래 머물러 있을수록 더 많은 광고 이익을 얻는다. 그 때문에 사용자가 페이스북 서비스를 마음껏 즐기기를 바란다.

구글 역시 사람들이 지메일을 많이 쓸수록, 검색을 많이 할수록 이들에 대한 정보를 수집해 광고 효과를 높일 수 있다. 공짜로 무제한 메일과 웹 오피스 프로그램을 제공하는 것은 이 때문이다. 심지어 인터넷이 원활하지 않은 나라의 사용자를 돕기 위해 페이스북은 거대한 드론 비행기를 띄우고 구글은 태양열 풍선을 띄우기까지 한다.

이것이 가능한 것은 자신의 사업 부문과 기술을 융합한 덕분이다. 구글의 경우 본사인 구글을 넘어선 알파벳이라는 모기업을 중심으로 검색과 광고부터 자율주행 자동차 제작, 노화 방지 연구까지 미래의 모든 사업을 연구하는 회사들이 긴밀히 연결돼 있다.

예를 들어 2013년 발표되었다가 실패하고 현재 재기를 준비 중인 구글 글래스를 보자. 이 안경은 증강현실 기술을 이용해 착용자의 시야에 정보를 제공하는 스마트 안경이다. 이 안경 하나에는 자연어 처리 기술, 검색 기술, 증강현실 기술, 투명 디스플레이 기술, 위치 기반 정보 기술, 로컬 광고 네트워크, 클라우드 컴퓨팅 등 수많은 기술이 집약되어 있다.

만약 이 중 한 가지 기술만 있다면 이런 물건을 만들기 어렵다. 뿐만 아니라 스마트 안경으로 전 인류의 최근접 거리에서 검색과 광고를 장악하겠다는 야심은 생각조차 할 수 없다. GPS 등 위치 기반 기술만 갖춘 회사라면 이에 관련된 사용료를 징수하는 수밖에 없을 것이다.

이런 점에서 2016년 내비게이션 서비스인 티맵이 무료화된 것은 주목할 만하다. 유료이던 내비게이션을 무료로 배포한 배경에는 티맵을 인수한 SK텔레콤이 있다. 단순한 내비게이션 서비스 회사가 아니라 배후에 1위 통신사가 있기에 내린 결정이었을 것이다. 사용료를 받는 것보다는, 내비게이션을 무료로 제공하고 사용자를 늘려서 얻을 수 있는 이득이 더 많다는 판단으로 보인다. 이처럼 공짜 뒤에는 더 거대한 사업과 더 큰 수익이 있다. 지금부터는 4차 산업혁명 시대에 두드러질 무료 서비스를 몇 가지 정리해보자.

플랫폼 : 가장 압도적인 무료 공급처

4차 산업혁명은 플랫폼 없이는 생각할 수 없다. 가장 압도적인 무료 공급처이기 때문이다. 플랫폼은 개인이 가깝게는 지인, 넓게는 지구 전체와 공짜로 소통하고 교류할 수 있게 만들어주는 사이버 정거장 또는 시장이다. 이 플랫폼을 통해 그 전에는 상상도 못하던 속도와 규모로 다른 사람들의 집단적 도움을 받을 수 있게 됐다.

케빈 베이컨의 '6단계 실험'에서 알 수 있듯이, 사실 전혀 모르는 타인이라도 지인의 지인으로 건너다니다 보면 불과 몇 단계 만에 모두 연결돼 있다는 게 네트워크 이론이다. 네이버나 다음 같은 인터넷 포털, 페이스북이나 인스타그램 같은 네트워크 플랫폼, 카카오톡이나 라인 같은 메신저 앱은 이 연결망을 극단적인 저비용으로 강화함으로써 이전에는 없던 지구 공동체를 만들어냈다.

이 기업들이 SNS를 통해 개인 간 거래 비용을 무료로 만든 덕분에 우리는 그 어느 때보다 똑똑해졌고, 세상을 폭넓게 알게 됐다. 한마디로 지구촌 전체에 집단 지성의 대폭발을 가져온 것이다. 수천만 명의 사람들이 자신들의 경험과 지혜, 아이디어를 공유함으로써, 인류가 이루어낼 수 있는 혁신과 창조의 가능성이 상상을 초월할 정도로 커지고 있다.

한 명의 천재를 이기는 집단 지성의 힘

1884년 영국의 유전학자 프랜시스 골턴은 박람회장에서 황소 몸무게 알아맞히기 대회에 참가했다가 큰 충격을 받았다. 그가 대회 참가자 800명이 제출한 어림치를 평균 내봤더니 실제 소의 무게와 거의 일치했던 것이다. 한편 1968년, 미국 잠수함 스콜피온호가 실종되자 해군 장교 존 크레이븐은 다양한 전문가로 팀을 구성해 의견을 취합한다. 잠수함은 여러 의견을 토대로 추정한 곳에서 불과 200m 떨어진 곳에서 발견됐다. 평범한 다수가 힘을 합쳤을 때 천재 한 명을 뛰어넘을 수 있다는 것이 집단 지성의 묘미다.

실제로 플랫폼을 만들어 이런 집단 지성을 활용하는 기업이 있다. 로컬 모터스Local Motors는 미국의 자동차 제조사로, 직원은 77명뿐이다. 그런데 이 회사는 자동차를 사랑하는 40만 명의 회원과 121개국 5,000여 명의 디자이너, 엔지니어의 도움을 받아 자동차를 만든다. 제조 공장은 고작 3개로, 다품종 소량 수제 생산 체제이므로 재고 부담이 없어 넓은 공장 부지가 필요 없다. 부품 역시 기성품을 이용해서 만든다.

이 회사의 경쟁력은 독특한 디자인이다. 우선은 경진 대회 형식으로 부문별 전문가에게 아이디어를 받은 후 커뮤니티 회원의 의견을 들어가면서 세부적으로 다듬는다. 이런 방식으로 자동차를 개발하면 소요되는 비용은 약 30억 원, 개발 기간은 18개월이다. 통상적인 거대 제조업체와 비교하면 비용은 1/1000, 시간은 1/5에 불과하다.

2007년 《와이어드》 전 편집장 크리스 앤더슨Chris Anderson은 'DIY 드론즈'라는 커뮤니티를 만들었다. 드론을 사랑하는 사람들을 모아보자는 취지였는데, 5만 명 넘는 인원이 모였다. 이들은 당시 미군이 개발한 400만 달러짜리 프레데터 드론과 비슷한 드론을 만들어보자며 힘을 합쳤다. 실제로 98%까지 비슷한 드론을 만드는 데 성공했는데, 놀랍게도 이 드론의 가격은 단 300달러였다. 이에 대해 앤더슨은 "커뮤니티를 만들어 공개적으로 일하면 사람을 찾을 필요가 없다. 알맞은 사람들이 저절로 찾아올 테니까"라고 말했다.

2006년 가을, 세계에서 가장 비싼 광고가 집결하는 미국 슈퍼볼 경기(프로 미식축구 챔피언 결정전)를 앞두고 이색적인 캠페인이 열렸다. 슈퍼볼 광고를 위한 아이디어를 모집하며, 최종 우승자의 아이디어로 만든 광고는 슈퍼볼 경기 전에 정식으로 방영됨은 물론 1만 달러의 상금도 수여한다는 것이었다.

이 캠페인은 폭발적인 관심을 이끌어내 1,065명의 지원자가 아이디어를 응모했고, 최종심에 오른 5편의 광고는 한 달 동안 온라인에서 투표를 받았다. 100만 명 넘는 사람들이 투표하기 위해 인터넷으로 광고를 시청했다. 마침내 최종 우승을 차지한 광고는 2007년 슈퍼볼 광고에서 당당히 9위를 차지하면서 집단 지성의 힘을 과시했다.

이 광고 캠페인을 시작한 기업은 도리토스 과자를 만드는 펩시코Pepsico다. 이 광고 덕분에 같은 해 도리토스 매출은 12% 늘었고 3,000만 달러 상당의 광고 효과를 얻었다. 이후 펩시코는 매년 도리토스 슈퍼볼 광고 모집 캠페인을 벌였고 당선된 광고는 3~4위권을 지켰다. 슈퍼볼 광고의 평균 제작비가 100만~500만 달러인 걸 감안하면, 최고의 광고 플랫폼이었다고 할 수 있다.

줄어드는 거래 비용과 인력 시장의 변화

앞에서 말한 로컬 모터스의 경우, 많은 디자이너가 여기에 관심을 가지는 것은 자신의 이름을 알릴 가능성이 높기 때문이다. 젊고 실력 있는 디자이너들의 이해관계와 커뮤니티 회원들의 이해관계, 독창적인 차를 갖고 싶은 고객의 이해관계를 일치시킴으로써 이 회사는 거대 기업이 할 수 없는 일을 해냈다. 이는 사람들을 쉽게 모으고 관리할 수 있는 플랫폼과 네트워크 덕분이다.

일찍이 경제학자 로널드 코즈와 올리버 윌리엄슨은 거래 비용 문제를 해결하기 위해 기업이 존재한다고 주장했다. 그런데 각종 플랫폼과 네트워크가 발달하면서 시장 내 거래 비용이 대폭 줄었고, 이런 경우 거래 비용 문제를 해결할 수 있는 선택지가 꼭 거대 기업일 필요는 없게 되었다.

예를 들어 소규모 프로젝트에 전문 인력 몇 명이 필요하다면 프리랜스닷컴freelance.com에서 파트타임 직원을 쉽게 구할 수 있다. 1,100만 명 이상의 사용자가 600만 건의 프로젝트를 움직이는 이 거대한 인력 시장은 채용 비용을 획기적으로 줄여준다. 한국에서 비슷한 서비스를 제공하는 크몽kmong.com의 경우 영상 편집을 1만 원에 대행해준다는 구직 응모부터 400만 원에 SNS 마케팅을 관리해준다는 제안까지, 10만 명이 넘는 사용자가 비즈니스 파트너를 구하고 있다.

이처럼 사람들이 프로젝트를 중심으로 순식간에 모였다가 사라지는 형태로 일하는 것이 자연스러워지자, 정규직 채용이 점차 촌스러운 일이 되는 것이 아니냐는 말까지 나오고 있다. 할리우드에서는 영화를 찍을 때마다 최고라고 평가받는 전문가로 스태프를 구성해 영화를 완성하고 나면 헤어지는 이른바 '할리우드 스타일'의 협업이 많았는데, 이러한 협업이 점차 일반 기업에까지 퍼지고 있다. 모든 분야의 발전 속도가 너무 빨라져 정규직 형태의 고용 시스템과 맞지 않게 된 것이다.

통계에 따르면 얼마 전까지만 해도 내부 직원의 역량이 외부 인력의 절반 수준으로 떨어지는 데 20년이 걸렸는데, 최근엔 그 기간이 5년으로 줄어들었다고 한다. 채용 후 5년만 지나면 내부 직원보다 일을 2배나 더 잘하는 직원을 얼마든지 구할 수 있다는 뜻이다. 이는 구조가 방대한 대기업뿐만 아니라 조직을 가볍게 만들어 시장 변화에 빠르게 대응해야 하는 중소기업이나 스타트업에서도 심각하게 고려할 만한 지점이다.

누구나 쉽게 창업할 수 있는 시대

이처럼 기업의 아이디어부터 인력까지 외부에서 구해서 쓸 수 있게 되고, 또 클라우드 컴퓨팅이나 테크숍TechShop처럼 각종 유·무형 시설을 빌려주는 플랫폼, 공짜로 광고를 할 수 있는 플랫폼까지 등장하면서 누구나 쉽게 창업할 수 있는 시대로 접어들었다. 게다가 2008년 금융 위기 이후 전 세계에 넘쳐나는 현금 유동성 덕분에 엔젤 투자, 벤처 캐피털 등에서 손쉽게 자금을 동원할 수 있게 됐다.

급격한 산업 재편과 IT 혁신 덕분에 스타트업도 얼마든지 대기업을 꺾을 수 있는 기반이 마련되고 있다. 아이디어와 현실 감각, 용기만 있으면 누구나 시제품을 만들고 양산하고 판매하고 홍보하는 등 모든 일을 매우 적은 비용으로 해결할 수 있다.

전동 스케이트보드를 제작하는 스테어리보드Staryboard라는 중국 스타트업의 사례를 보면 이 모든 게 분명해진다. 25세 청년 젱차오Zeng Chao는 기존 전동 스케이트보드의 모습이 너무 볼썽사나운 데 주목했다. 보드 아래에 모터와 배터리가 붙어 있어 일반 보드보다 보기 싫고 무거웠던 것이다.

그는 어떻게 하면 전동 스케이트보드를 날렵하고 세련되게 만들지 궁리하다가, 모터를 바퀴에 넣고 배터리를 얇게 만들어 보드 속에 집어넣는 아이디어를 떠올렸다. 모터와 전기회로에 대한 지식이 없었던 그는 해커들의 온라인 모임에 가서 여러 엔지니어를 만났고, 결국 모터 개발에 성공했다. 그리고 테크숍의 도움을 받아 시제품을 만들 수 있었다. 홍보 역시 기존의 홍보 수단이 아닌 유튜브에 동영상을 올리는 방법을 택했다. 지금 한 달 매출은 7억 5,000만 원에 이른다.

이제 순토 테크놀로지Sunto Technology의 대표가 된 젱차오는 이렇게 말한다.

"우리는 겨우 피자 한 조각 얻자고 다른 걸 흉내 내지 않습니다. 우리는 전동 스케이트보드업계의 표준이 되고자 합니다."

언번들링 : 공룡을 무너뜨린 게릴라 기업들

물론 이것은 작은 성공에 불과하다. 그러나 우리는 방 한 칸 없는 에어비앤비가 힐턴 호텔을 압도하고, 차 한 대 없는 우버가 세계의 도로를 점령한 것을 목격했다. 이미 사업 성공 방식은 급격하게 변하고 있으며, 과거 공룡들이 그랬던 것처럼 그러한 변화는 굼뜬 옛 주인을 몰아내고 기민한 새 주인을 만들어낸다.

여기서 주목해야 할 것이 바로 '언번들링unbundling' 현상이다. 최근 대기업의 사업 영역을 작은 스타트업들이 차례로 점령해나가는 현상이 벌어지고 있다. 일종의 게릴라전 같은 전략이다. 베트남전에서 북베트남군이 군사 강국 미국을 상대로 승리를 얻었듯이, 중소기업이 대기업의 각 부문을 공략하는 사례가 늘어나고 있는 것이다.

국제 송금 스타트업인 트랜스퍼와이즈TransferWise는 시중은행의 국제 송금 수수료가 비싸다는 점에 착안해, 획기적인 방법으로 수수료를 낮췄다. 예를 들어 한국에 있는 A는 미국의 가족에게 1,200만 원을 송금하고 싶어 한다. 한편 미국에 사는 사업가 B는 한국의 지점에 1만 달러를 송금할 일이 생겼다. 트랜스퍼와이즈는 이 두 국제 송금 건을 묶어서 국내 송금으로 처리한다. 즉 미국에 있는 A의 가족에게 역시 미국에 있는 B가 1만 달러를 송금하고, 대신 한국에 있는 A가 B의 한국 지점에 1,200만 원을 송금하는 것이다.

이렇게 하면 실제로는 국제 송금이 발생하지 않아 수수료가 없고, 처리 과정이 생략되므로 송금 시간도 매우 빨라진다. 환율도 실시간으로 적용되므로 환율 차이도 발생하지 않는다. 트랜스퍼와이즈는 이런 가상 환전 시스템을 바탕으로 국제 송금 수수료를 기존 대비 1/10로 끌어내렸다. 2014년까지 트랜스퍼와이즈의 누적 실적은 무려 5조 원에 육박한다.

신생 핀테크 기업이 부상할수록 HSBC 같은 전통적인 은행들은 힘들어진다. 실제로 트랜스퍼와이즈의 성장과 HSBC의 국제 송금 수입은 반비례하는 움직임을 보였다. 이뿐만이 아니다. 투자 대행 분야에는 넛메그Nutmeg, 자산 관리 분야에는 팅크Tink, 퓨처 어드바이저Future Advisor, 대출 분야에는 펀딩 서클Funding Circle, 렌디코Lendico, 조파Zopa, 보로Borro, 본도라Bondora, 기타 은행 업무에는 오스퍼Osper 등 각 분야에서 이런 게릴라 스타트업들이 출몰해 대기업의 영역을 야금야금 잠식하고 있다.

'공유 경제'라는 거대한 연결망

수많은 업종에서 작은 기업들이 기존보다 훨씬 낮은 가격으로 서비스를 제시해 대기업에 막대한 타격을 주는 현상이 속출하고 있다. 이들은 대기업이 발 빠르게 움직이지 못하는 분야에서 기술을 재빨리 응용하고, 그에 맞는 사업 모델을 만들어냄으로써 가격 혁명을 이뤄낸다. 4차 산업혁명의 핵심인 융합과 공유를 최대한 활용한 디지털 트랜스포메이션이 이들의 경쟁력이다.

인맥과 자금력을 갖춘 기업만 주인공이 되는 시대는 저물고 있다. 공유 경제 덕분에 진입 장벽은 극단적으로 낮아지고 있으며, 집단 지성과 플랫폼, 그리고 민첩성으로 무장한 작고 빠른 기업이 약진 중이다. 세계적인 경제 사상가인 제러미 리프킨Jeremy Rifkin은 그의 저서 『한계비용 제로 사회』에서 공유 경제 덕분에 기업의 한계비용이 거의 제로로 수렴하는 변화에 대해 이야기한 바 있다. 4차 산업혁명은 공유 경제라는 거대한 연결망을 만들어내면서 기민하고 지혜로운 새 주인을 기다리고 있다.

**기하급수
기업의
탄생**

'기하급수적 변화'란
무엇인가

앞에서 4차 산업혁명을 상징하
는 단어로 융합, 공유, 그리고 기하급수, 세 가지를 들었다. 기
하급수란 한마디로 새로운 변화의 속도이자 규모다. 4차 산업
혁명을 불러일으키는 각종 융합 기술이 공유를 가능하게 했
는데, 그 공유가 다시 융합을 가속하고, 가속된 융합이 또다시

공유를 가속하는 상호작용의 효과가 너무 커서 기하급수적 변화를 가져온다는 의미다. 그렇다면 기하급수적 변화는 이전의 변화와 무엇이 다를까?

기하급수란 원래 수학 용어로, 산술급수에 대비되는 개념이다. 예를 들어 사람이 한 걸음에 1m씩 30보를 걷는다고 하면 정확히 30m를 걷게 된다. 산술급수의 세계는 '1+1+1+1…'처럼 덧셈의 세계다. 반면 기하급수적으로 걷는다고 가정하면 첫걸음은 1m, 그다음 걸음은 2m, 그다음 걸음은 4m 식으로 보폭이 늘어난다. 기하급수의 세계는 '1×2×2×2…'처럼 곱셈의 세계라고 할 수 있다. 기하급수적으로 걸으면 마지막 걸음은 약 53만km가 된다. 엄청난 거리다. 이처럼 기하급수적 증가는 기하학적으로 보면 분명해진다.

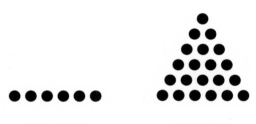

산술급수적 변화   기하급수적 변화

앞의 그림에서 왼쪽은 산술급수적 변화, 오른쪽은 기하급수적 변화를 나타낸다. 산술급수적 변화는 물리적 변화다. 한 가지 변화가 마무리되면 그다음 변화가 더해지고, 다시 그다음 변화가 더해지는 식이다.

반면 기하급수적 변화는 맨 윗줄의 첫 번째 변화가 두 번째 줄의 두 가지 변화를 낳고, 다시 그 두 가지 변화가 제각각 그 다음 변화를 일으키는 식으로 진행된다. 일종의 화학적 변화다. 이는 최초의 입자 하나가 핵을 때리면, 그 핵이 분열하면서 다른 핵을 때려 핵분열이라는 거대한 과정이 일어나는 것과 같다. 기하급수적 변화 역시 시작은 미약할지라도 이후 다수의 변화를 이끌어내는 질적 변화를 유발한다.

마을에 들어온 좀비 하나가 순식간에 모든 마을 주민을 좀비로 만들 듯이, 연예인에 대한 소문이 SNS를 통해 삽시간에 퍼지듯이, 기하급수적 변화는 그 변화의 대상이 된 모든 개체를 전염시켜 전면적인 변화를 이끌어낸다. 그런데 일상에서 이런 기하급수적 변화가 일어나는 것은 드물기 때문에 우리는 이런 식의 변화에 익숙하지 않다. 더구나 변화 초기에는 영향력이 아주 작고 일단 변화가 일정 규모 이상에 이르면 그 모든 과정을 상상할 수 없기 때문에, 기하급수적 변화의 속도와 규모를 간과하는 경향이 있다. 심지어 전문가조차 이런 실수를 한다.

좋은 예로 인간 유전자 프로젝트가 있다. 1990년 세계 최대 의료 기관 중 하나인 미국 국립보건원에서 인간의 유전자 게놈 배열을 규명하는 데 필요한 돈과 시간을 예측한 바 있다. 당시 어지간한 나라의 국방 예산 정도를 움직이던 국립보건원은 수많은 학자의 견해를 바탕으로 약 15년 후엔 염기 서열을 완전히 해독할 수 있을 것이고, 30억 달러 정도가 소요될 것이라고 예측했다. 그리고 이에 맞춰 3단계 계획을 발표했는데, 막상 연구를 진행해보니 생각보다 속도가 빨라 불과 3년 후인 1998년에 다시 5개년 계획을 발표하기에 이른다. 그리고 마침내 2003년 6개국 학자로 이루어진 팀은 인간 게놈 프로젝트를 완성했다고 발표한다.

국립보건원의 뛰어난 전문가들이 잘못된 예측을 한 이유는 무엇일까? 그들이 융합과 공유의 힘, 그것들이 불러오는 기하급수적인 변화를 간과했기 때문이다. 실제로 이 프로젝트가 가속화된 이유는 국제적 협력의 확대, 생물공학과 컴퓨터 기술의 발전 때문이기도 했고, 무엇보다 생명공학 벤처인 셀레라 지노믹스Celera Genomics가 경쟁에 뛰어들었기 때문이다.

국립보건원의 학자들은 주어진 조건 내에서 산술급수적인 계산에만 치중한 나머지 조건 자체가 변할 수 있는 가능성을 염두에 두지 않았다.

앞에서 4차 산업혁명은 레고 조각이 1억 개로 늘어난 것에 비유할 수 있다고 말했다. 이 비유는 단순히 요소가 많아진 것만을 뜻하지 않는다. 그 요소와 요소의 관계, 그리고 그것과 또 다른 요소의 관계…. 이런 식으로 요소 간의 연결을 생각하면 새로운 가능성은 기하급수적으로 늘어난다는 점을 강조한 것이다.

실제로 이런 식으로 움직이는 프로젝트가 있다. 프로그래머의 성지라고 불리는 깃허브Github는 소프트웨어를 공유하는 플랫폼이자 커뮤니티다. 당초 깃Git이라는 분산형 버전 관리 시스템을 편하게 이용할 수 있도록 호스팅하는 서비스로 출발했지만, 깃의 특성상 수많은 사람들이 코드를 공유하며 협업하는 모습으로 발전했다.

2017년 기준 무려 2,600만 명의 개발자가 이용하고 있고, 2015년 기업 가치가 이미 2조 원이 넘었다. 이들은 몇천만 개의 프로젝트를 진행하며 끊임없이 협업하고 있으며, 서로의 코드를 주고받고 자신이 수정한 버전을 추가한다. 깃허브에서는 국경도 종교도 뛰어넘는 집단 지성으로 수많은 프로그래밍 문제를 해결하고 있다.

이제 그 어떤 초거대 프로젝트라고 해도 과거처럼 소수의 엘리트 집단이 최선의 해결책을 제시하는 시대가 저물고 있다. 느슨하지만 수많은 네트워크로 이루어진 여러 플랫폼과 커뮤니티를 통해, 인류는 사상 최대 규모의 실험과 시행착오를 거듭하면서 진화하고 있다.

어떻게 기하급수 기업이 될 것인가

앞에서 살펴봤듯이, 본질적으로 기하급수 기업은 엄청난 속도로 변화하고 성장한다. 융합과 공유에 성공한 기하급수 기업은 동종 업계의 다른 기업보다 10배 이상 빠르게 성장하는 기업으로 정의할 수 있다. 에어비앤비가 그랬고 아마존도 그랬다. 테슬라, 하이얼, 알리바바, 네이버, 카카오 등도 모두 엄청난 속도로 성장했다.

그렇다면 이제 중요한 질문 하나가 떠오른다. 어떻게 기하급수 기업이 될 것인가? 다른 말로 하면, 지금 우리 회사를 어떻게 기하급수 기업으로 변화시킬 것인가? 그 회사들은 전통적인 기업과 도대체 무엇이 다른가?

한마디로 대답하자면, 기하급수 기업은 '일하는 방법'이 다르다. 많은 사람들이 4차 산업혁명을 디지털 기술과 연관된 문제로만 생각하지만, 그렇지 않다. 기술 발전이 시작점을 제공하긴 했으나 그뿐이라면 3차 산업혁명과 다른 점이 없을 것이다.

4차 산업혁명은 오히려 기술보다는 일하는 방법의 혁신과 관련돼 있다. 앞서 말했지만 100개의 레고 조각을 가지고 놀다가 1억 개의 조각으로 놀기 위해서는 '노는 방법'을 완전히 달리해야 한다. 스포츠에 비유하자면 야구를 하던 선수들이 농구 선수로 뛰어야 하는 상황이다. 지금까지는 9명으로 팀을 짜서 공을 던지고 받는 연습을 하며 정교한 작전을 짰다면, 이제부터는 5명이 몸싸움을 해가며 순발력과 포지셔닝을 배워야 하는 것이다.

가장 정교한 머리싸움이 필요한 스포츠인 야구에서 감각적인 운동신경 중심의 농구로 전향한다면 뭘 어떻게 바꿔야 할까? 당장 힘 좋고 둔한 장타자를 빼고 도루 잘하는 빠른 선수를 에이스로 선발해야 할 것이다. 구질을 보고 공을 거르는 동체 시력은 어느 정도 도움이 되겠지만, 그걸 살리기 위해선 새로운 볼 감각과 슈팅에 익숙해져야 할 것이다.

이처럼 4차 산업혁명 시대에 기하급수 기업으로 다시 태어나려면 자사의 객관적인 자원을 재평가하고 재조립할 수 있어야 한다. 그중에는 보전하고 유지해야 할 특성도 있겠지만, 읍참마속의 심정으로 과감히 정리해야 하는 부문도 있을 것이다.

그렇다면 어떤 기준으로 무엇을 살리며 무엇을 버릴 것인가? 미국의 대표적 4차 산업혁명 교육기관인 싱귤래리티대학Singularity University의 창립 멤버 살림 이스마일Salim Ismail은 세상에 회자되는 기하급수 기업, 예를 들어 아마존, 테슬라, 우버, 로컬 모터스, 레딧, 교세라, 텀블러, 구글 등을 자세히 연구해 그들의 공통점을 살펴봤다. 그가 발견한 것은 기하급수 기업은 일하는 방법이 다르다는 사실이었다. 즉 회사의 크기, 자본금 규모, 직원 수, 산업 분야, 기술 혁신 정도, 지역, 소속 국가 등은 변수가 되지 않으며 순전히 일하는 방법에 따라 기하급수 기업 여부가 결정된다는 사실을 발견한 것이다.

그는 그 공통점을 11가지로 정리했다. 그것들은 융합과 공유를 실행하고 가속화하는 것과 직접적인 관련이 있다. 2장에서는 이 공통점을 자세히 다룰 것이다.

기하급수 기업으로 탈바꿈하지 않으면 도태되고 마는 이 격변의 시대에, 변화는 그 어떤 기업도 피해 갈 수 없는 숙명일 것이다. 자신의 기업이 처한 상황을 머릿속에 그려가며 일하는 방법의 혁신을 유연하게 받아들인다면, 대변혁 속에서도 생존의 길이 보이리라 믿는다.

PART 2

기하급수
기업은
이것이 다르다

**당신의
비즈니스 모델은
지금
안전한가**

앞서 4차 산업혁명을 설명하는 세 가지를 융합과 공유, 그리고 기하급수를 언급했다. 이중 융합이 많이 일어나면 일어날수록 공유할 수 있는 자원이 늘어난다. 융합의 결과 더 많은 자원을 공유할 수 있게 되고, 공유가 더 많이 진행되면 보다 발전된 양질의 정보와 기술의 융합이 가속화된다. 결국 융합과 공유의 상호작용은 기하급수 변화를 초래한다. 이런 기하급수적인 변화를 기회로 활용하기 위해서는 융합과 공유가 활발히 일어날 수 있는 조직이 되어야 한다. 그러므로 전 직원이 융합과 공유의 상호작용을 이해하고 최대한 실행하는 기하급수 기업으로 변신해야 할 것이다.

융합과 공유를 부르는 4단계 프로세스

기하급수 기업으로 변신하기 위해서는 기업에서 융합과 공유가 일어나는 4단계 프로세스를 고려해야 한다. 먼저 1단계는 디지털 환경 분석이다. 4차 산업혁명의 변화가 어떤 기술을 만들어내는지, 사람들의 삶을 어떻게 바꿔가고 있는지 확인하자. 끊임없이 이어지는 기술 변화와 이에 따라 사람들이 추구하는 가치의 변화를 주시해야 한다.

2단계는 비즈니스 기회를 포착하는 것이다. 고객을 위한 가치 탐색과 활용 가능한 신기술을 확인함으로써, 고객의 불편을 해소하거나 새로운 가치를 창출할 혁신의 가능성을 찾게된다. 기회가 눈에 들어온다면 3단계인 비즈니스 모델을 설계하는 단계로 나아간다. 이러한 가능성을 실현하기 위해 구체적으로 고객에게 어떤 가치를 제시할 것이고, 어떻게 수익을 창출할 것이며, 이를 위해 비즈니스를 어떻게 운영할지 프로세스를 새롭게 구성해야 한다.

　새롭게 구상한 비즈니스 모델을 실행하고 정착시키기 위해서는 마지막 단계인 적합한 조직 설계와 제도, 절차, 자원 등 실행 프로세스를 설계해야 한다. 누가, 어떤 자원을, 어떤 조직에서, 어떻게 운영할지 고민해 새로운 환경과 비즈니스 모델에 적합한 체제를 갖춰야 할 것이다.

융합과 공유를 부르는 디지털 역량

세계적인 컨설팅 기업 캡제미니Capgemini 의 디디에 보네와 MIT의 조지 웨스터먼, 앤드루 맥아피는 디지털 기술을 통한 융합과 공유로 새로운 가치를 창출하는 것을 디지털 역량이라고 했다. 디지털 역량이 필요한 것은 세 가지 분야다.

첫 번째는 모든 것의 중심인 고객 경험이다. 디지털 역량을 활용해 고객 경험을 강화하거나 확장함으로써 새로운 가치를 창출할 수 있다. 두 번째는 고객 경험을 강화하거나 확장을 가능하게 해주는 운영 프로세스의 혁신이다. 보다 효율적이고 획기적으로 운영함으로써 가치를 창출한다.

마지막으로 비즈니스 모델의 혁신이다. 비즈니스 모델을 혁신하면 대상과 가치, 운영 방법과 돈을 버는 방법이 달라진다. 그런데 이 세 가지는 서로 연결되어 있다. 다시 말해 환경의 변화로 새로운 사업 기회를 포착해 새로운 비즈니스 모델로 접근한다는 것이다. 고객이 달라질 수도 있고 가치가 달라질 수도 있다. 완전히 새로운 운영 방식이 필요해지기도 한다. 또 고객에게 제공하는 가치가 달라지고 운영 방식이 달라지면 비즈니스 모델도 달라진다.

그럼 지금부터 하나하나 자세히 살펴보자. 고객 경험을 강화하거나 확장하는 영역과 운영 프로세스를 혁신하는 것은 여기서는 간단히 설명하고, 다음 장에서 좀 더 상세히 설명하기로 한다. 이 장에서는 융합과 공유의 3단계인 새로운 비즈니스 모델의 구상, 즉 비즈니스 모델 혁신을 보다 집중적으로 설명한다.

스티브 잡스는 2007년 아이폰을 선보이면서 그 작은 기계가 세상을 바꿀 것이라고 말했다. 그의 예언은 정확히 맞아떨어졌다. 농업혁명에 5,000년, 산업혁명에 200년, 컴퓨터 디지털 혁명에 30년이 걸렸다. 그런데 스마트폰은 10년도 채 되지 않아 세계로 확산됐다. 스티브 잡스가 발명한 스마트폰은 불과 8년 만에 세계 성인 중 50%인 20억 명이 사용하는 제품이 되었다. 2020년까지 그 숫자는 30억 명을 넘을 것으로 예상된다.

스마트폰의 등장은 극도의 개인주의를 불러왔다. 스마트폰 소유자 중 80%가 잠자리에서 일어나면 15분 이내에 스마트폰으로 문자와 뉴스를 확인한다고 한다. 또 스마트폰 덕분에 의사 결정이 예전과 달리 즉각적으로 이루어진다. 영국 시사 주간지《이코노미스트》는 스마트폰 없이 살아갈 수 없는 세대를 가리켜 '포노 사피엔스Phono Sapiens'라고 명명했다.

하나, 고객의 경험의 확장

모든 변화에 대한 지식과 정보를 스마트폰으로 실시간으로 입수하고 의사 결정이 즉각적으로 일어난다는 것은 무엇을 뜻할까? 이는 구매 의사에 관련된 변화를 감지하지 못하고, 그에 따른 요구를 즉각적으로 해결하지 못하면 고객이 제품과 서비스를 외면한다는 것을 의미한다. 회사 입장에서는 고객이 제품과 서비스를 통해 얻고자 하는 것을 확실히 파악하고 이를 제공해야 한다. 제품과 서비스를 통해 고객이 원하는 바를 만족시킬 뿐 아니라 감탄사가 나오도록 해야 한다.

그러기 위해서는 디지털 기술을 활용해 기업이 보유한 여러 고객 접점 채널에서 고객이 기대하는 경험을 면밀히 파악하고, 고객 중심 관점에서 서비스나 커뮤니케이션을 다시 디자인해야 한다. 고객 행동, 제품과 서비스의 활용 등에 관련한 각종 데이터를 체계적으로 분석하고 실시간으로 고객의 요구에 대응하는 것 또한 중요하다. 이 밖에 기업이 보유한 온·오프라인 채널에서 동일한 경험을 제공할 수 있도록 통합 채널 운영 전략을 세워야 한다.

전 세계에서 사랑받는 스타벅스는 '디지털 플라이휠Digital Flywheel'이라는 시스템을 통해 고객과 활발하게 교감한다. 플라이휠이란 기계가 돌아갈 때 적정 속도를 유지하도록 도와주는 시스템이다. 스타벅스는 다양한 디지털 기술을 융합해 디지털 플라이휠을 만든 뒤 고객의 아이디어를 새로운 제품에 적극 반영한다. 고객 경험을 향상시킬 수 있는 디지털 시스템을 계속 접목하고 융합하는 것이다. 덕분에 고객이 주문할 때도, 리워드를 줄 때도, 결제할 때도, 고객에 대해 정확히 알고 서비스를 제공함으로써 감동을 준다.

뿐만 아니라 고객이 제품과 서비스에 반응하고 주문하는 모든 행동과 관련된 데이터를 모으고 분석하고 반영한다. 그리고 사이트에 올라오는 아이디어를 공유하고 투표에 부친다. 실행 가능성에 대해 토론을 한 다음에는 관리자와 경영진이 최종적으로 판단해 제품에 반영한다.

이를 통해 2008년에서 2013년까지 모두 15만 건의 아이디어가 제안되었고, 이 중 227개의 아이디어가 실현되었다. 스플래시 스틱, 재사용 컵 슬리브, 스키니모카가 모두 이를 통해 개발한 제품과 서비스다. 이런 과정을 통해 스타벅스 고객은 자신들의 아이디어가 제품과 서비스에 실제로 반영되었음을 확인하고 충성 고객으로 남게 된다.

둘, 운영 프로세스의 혁신

고객이 원할 때 적합한 방식으

로 대응하기 위해서는 기업 내부의 조직 운영, 프로세스, 커뮤
니케이션이 효율적으로 이루어져야 한다. 이를 가능하게 하
려면 내부 운영과 관리에 디지털 기술을 활용해 의사 결정 속
도를 단축해야 한다. 전통적인 형태의 조직 구조와 소통 방식,
표준화를 통한 통제와 관리에서 벗어나야 한다.

또 직원으로 하여금 필요한 정보를 확인하게 하고 유연한
사고를 이끌어내 스스로 판단할 수 있도록 권한을 부여하며,
언제 어디서나 업무를 처리하고 소통할 수 있도록 운영·관리
프로세스를 혁신해야 한다. 이를 위해서는 내부 데이터를 분
석해 문제점을 파악해야 하며, 운영·관리 프로세스에 다양한
디지털 기술을 활용해야 한다.

대표적인 혁신 사례를 들면 앞에서 언급한 아마존의 물류
혁신을 꼽을 수 있다. 캘리포니아 패터슨시에 위치한 아마존
물류 센터에서는 세 종류의 로봇을 활용한다. 팔레트를 집는
작업을 하는 골리앗, 팔레트 이동 작업을 수행하는 카트, 그리
고 제품과 선반을 제대로 분류해서 이동하는 키바다.

특히 키바는 도입 초기에 다른 기업의 제품을 사서 쓰다가
아예 그 기업을 인수했다. 이렇듯 사람이 하지 않아도 되는 단
순 반복 작업, 기계가 하면 더 효율적인 작업은 데이터 분석을

바탕으로 디지털 기술을 적극적으로 활용하고 있다. 2015년부터는 매년 물류 로봇의 기능을 개선하기 위한 '아마존 로보틱스 챌린지Amazon Robotics Challenge'를 개최해 지속적으로 효율성 제고에 노력을 기울이고 있다. 또 아직 자동화하기는 어려운, 행선지별로 상품을 분류하는 작업의 효율성을 높이기 위해 현재 세계 각국에서 경진 대회를 개최하고 있다.

셋, 비즈니스 모델의 재창조

세계적인 미국계 중장비, 농기계 제조 회사 존 디어John Deere는 2016년 《포천》이 선정한 미국 500대 기업 중 98위에 올랐다. 트랙터, 파종기, 약제 살포 장비, 벌채 장비, 잔디 기계, 휴대용 동력 사슬 톱, 제설 장비 등을 제조해서 판매하다가 최근 서비스 기업으로 사업을 확장한 덕분이다.

2014년 곡물, 설탕 등의 가격이 농기계 수요를 감소시키자 존 디어의 매출은 전년 대비 5% 하락했다. 이 같은 감소 추세에 대응하려면 새로운 수익원을 찾아야 했다. 그 결과 디지털 기술을 활용해 밭에서 일하는 농부들에게 정보와 조언을 주는 소프트웨어 서비스를 제공하는 비즈니스 모델을 전환했다.

이 회사의 CEO 새뮤얼 앨런Samuel Allen 은 "농부들이 매년 농기계를 사야 하는 것은 아니다. 그러나 데이터는 매년 관리해야 한다. 따라서 이것이 더 지속적인 사업이다"라고 말한다. 그의 말처럼 존 디어는 고객의 경험을 확대했다. 앱을 개발해 농부들로 하여금 스마트폰 등을 통해 농장을 관리할 수 있도록 했다. 심은 씨앗 간의 거리, 씨앗의 배치 등을 모바일로 관리할 수 있게 했다. 또 원거리에 있는 서버에 작물 데이터를 무선 전송해 같은 농장 내의 다양한 기계 정보도 이 앱으로 관리하도록 했다.

기술적인 발전을 위해 2015년 10월에는 합자회사 세이지 인사이츠Sage Insights 를 설립했다. 유통업체와 컨설턴트가 작물 데이터를 한곳에 모아 관리할 수 있도록 하는 클라우드 컴퓨팅 플랫폼을 개발하기 위해서다. 그뿐 아니라 몬산토의 기후 사업부와 데이터를 연결해 날씨 등 수확과 관련된 데이터로 농부들에게 조언해줄 수 있도록 정밀 플랜팅 사업부를 인수하는 등 외부로 눈을 돌려 서비스 기업으로 거듭나고 있다.

존 디어가 농기구 제조 판매에서 농업 관련 자료를 모아 농부들에게 제공하는 소프트웨어 서비스 기업으로 거듭난 것처럼 비즈니스 모델은 차별화된 가치, 새로운 먹거리를 만드는 방식이다. 이는 기업이 지속적으로 이윤을 창출하기 위해 제품과 서비스를 생산하고, 관리하며, 판매하는 방법을 표현한다. 제품이나 서비스를 소비자에게 어떻게 제공하고 마케팅하며, 돈을 벌 것인지 계획하는 사업 아이디어이기도 하다.

기업의 첫 번째 목적은 가치 창출을 통한 이익 추구이므로, 어떻게 수익을 창출할지 제시하는 비즈니스 모델은 기업 경영에 가장 중요한 영역이라 할 수 있다.

테슬라는 더 이상 전기 자동차 제조사가 아니다

4차 산업혁명 시대에 성공적인 기업의 비즈니스 모델을 혁신하는 형태는 크게 두 가지로 나타나고 있다. 첫 번째는 기존 비즈니스에서 관련 분야로 진출을 거듭해 생태계를 조성하는 확산이며, 두 번째는 기존 비즈니스 모델의 비효율적 요소를 고려해 다른 비즈니스 모델을 모색하는 전환이다.

우선 확산의 예로는, 전 세계에서 뜨거운 관심을 끌고 있는 테슬라를 들 수 있다. 테슬라는 2017년 4월 시가총액 529억 달러를 기록하면서 497억 달러인 GM을 앞지른 바 있다. 같은 해 8월에는 BMW마저 제치고 토요타, 벤츠, 폭스바겐에 이어 4위에 오르기도 했다.

재미난 것은 테슬라가 생산하는 자동차는 1년에 단지 7만 5,000대에 불과하며, 한 번도 흑자를 내지 못했다는 사실이다. 그런데 어떻게 시가총액 4위의 기업이 되었을까? 이는 사업 영역을 자동차 판매에서 새로운 분야로 확산하고 있기 때문이다.

이런 조짐은 2013년에 창업주인 일론 머스크Elon Musk가 전기차 특허를 일반에 공개하면서 이미 시작되었다. 테슬라의 목표는 단순히 전기차 판매가 아니다. 전기차를 넘어 배터리 충전 이용료와 배터리 기술을 판매하는 것으로 비즈니스를 확산하고 있다. 대중에 특허를 공개함으로써 누구든 전기차를 만들 수 있게 하고, 배터리와 충전 시장을 키우는 전략이다. 전기 자동차 제조 판매 사업에서 에너지 솔루션 사업으로 확장한 것이다.

2016년에는 에너지를 원활하게 공급하기 위해 솔라시티Solar City라는 태양광 회사를 인수했다. 그리고 에너지 저장

장치인 ESSEnergy Storage System뿐 아니라 거의 모든 종류의 전지를 생산했다. 운영에 필요한 에너지를 자체적으로 조달하기 위해 미국 네바다주에 기가팩토리를 지어 가동하는 것은 물론, 전기모터와 기어 박스도 제조한다. 2018년 전체 생산 라인이 가동되면 연간 35기가와트의 리튬 이온 배터리를 만들 수 있다. 이는 2013년 전 세계 배터리 생산량과 맞먹는 어마어마한 수준이다.

테슬라는 에너지 솔루션 회사라는 전략 목표와 일치하도록 미션과 회사명을 변경했다. '운송으로 세계를 바꾼다'는 미션을 '지속 가능한 에너지로 세계적 전환을 가속화하는 것'으로 바꿨다. 회사명 또한 테슬라 모터스에서 테슬라로 변경했다.

그뿐 아니라 자율주행 영역으로 진출하기 위해 미지의 영역인 뇌를 연구하는 뉴럴링크Neuralink를 2017년 3월에 설립했고, 5월에는 교통 체증을 최소화할 수 있는 지하 터널 네트워크 프로젝트를 발표하면서 보링 컴퍼니Boring Company를 설립했다. LA 공항에서 지하 터널로 연결된 계열사인 스페이스 X를 착공했으며 2018년 2월에는 워싱턴 DC에서 허가를 받았다.

이처럼 테슬라는 전기 자동차를 생산해 판매하는 기업에서 시작해 태양광 패널, 전기 저장 시스템을 비롯한 청정에너지 제품을 제공하는 에너지 솔루션, 물류와 인공지능 영역 등 비즈니스 모델을 지속적으로 확산하고 있다. 덕분에 테슬라의 기업 가치는 여전히 높다. 전기차 모델 '테슬라 S'의 생산 차질로 인해 전기차 사업이 차질을 빚고 있지만, 대량 감원을 하겠다 발표한 2018년 6월에도 테슬라의 주가는 여전히 주당 348달러를 기록했다.

비즈니스 모델 확산의 또 다른 사례는 소프트뱅크다. 손정의 회장은 앞으로 30년 내에 큰 변화가 올 것이라고 예측한다. 이 변화는 IoT가 중심이 될 것이며, 이 때문에 패러다임은 물론 라이프스타일도 변화할 것이라 말한다. 그는 2016년 세계 1위 IoT 칩 회사인 ARM을 인수했고, 현재 이를 중심으로 다양한 기업에 투자하면서 연결을 확장하고 있다.

뿐만 아니라 IoT 칩에서 수집한 데이터를 분석하는 빅데이터 기업인 OSI소프트OSIsoft와 나우토Nauto, 빅데이터가 모이는 클라우드 관련 사업을 하는 원웹OneWeb과 클라우드마인즈CloudMinds, 인공지능 로봇을 만드는 보스턴 다이내믹스Boston Dynamics, VR 솔루션 기업인 임프로버블Improbable에도 투자했다. 식량난을 해결할 대안으로 떠오르는 빌딩형 식물 공장 '버티컬 파밍'을 추구하는 기업인 플렌티Plenty, 간단하게 암을 진

단하는 기술을 보유한 가든트 헬스Guardant Health도 이와 연결
돼 있다.

　이런 일련의 투자는 라이프스타일의 변화와 연관된 비즈
니스 모델을 확산하기 위해 이루어진 것이다. 이를 통해 기존
의 통신 사업은 물론 콘텐츠와 애플리케이션, 서비스 영역까
지 확산해 사물·사람·산업 모두를 연결하는 에코 시스템을
실현하고 있다.

가치 있는 모델이 아니면 새롭게 전환하라

　두 번째 유형인 전환을 살펴보자. 지금까지 적용해온 사
업 방식 중 현재와 미래에 비효율적으로 작용할 만한 부분
을 제거하고, 제대로 가치를 창출할 수 있는 모델로 전환하
는 것이다.

　도시 근교의 대형 매장에서 간편하게 포장된 제품을 직접
운송하고 조립하게 해 가구업계에서 새로운 바람을 일으킨 이
케아는 최근 비즈니스 모델을 전환하고 있다. 근교 대형 매장
을 고수하던 정책을 바꿔 도시 중심부에 픽업 매장을 연 것이
다. 이는 고객의 요구가 변화하고 있기 때문이다.

또 인력 공급업체인 태스크래빗Taskrabbit을 인수해 시간이 없거나 직접 조립하기 싫어하는 고객을 위해 조립 서비스를 제공하고 있다. 앞에서 사례로 든 존 디어처럼 제조 판매업에서 관리 서비스업으로 전환하고 있는 것이다.

한편 일본 최고의 서점 츠타야TSUTAYA는 오프라인 매장을 단지 책을 파는 서점이 아니라 마켓 플레이스, 플랫폼으로 전환하고 다양한 업체와 제휴해 '문화를 판매하는 기업'으로 비즈니스 모델을 전환했다. 츠타야의 CEO 마스다 무네아키는 그의 저서 『지적자본론』에서 "서점은 책을 팔아 망했다"라고 말한다. '책만' 파는 서점은 망한다는 뜻이다. 실제로 츠타야는 책 대신 특정한 라이프스타일을 판다. 좀 더 구체적으로는 이미지를 통해 다양한 라이프스타일을 제안하고, 고객으로 하여금 자신이 원하는 라이프스타일을 경험해 이에 맞는 상품을 구입할 수 있도록 돕는다.

이를 위해 매장을 고객 관점에 맞게 이미지화하고 진열도 변경했다. 주제별 전문가를 배치해 모든 서비스, 즉 컨시어지 서비스를 제공한다. 온라인 쇼핑이 주지 못하는 오프라인 쇼핑만의 특별한 경험을 제공하기 위해 각 분야 최고 업체와 협업한다. 그리고 심야에도 서점을 열어 개장 시간을 확대했다.

기존 서점에 대한 고정관념을 깨고, 비효율적인 부분을 개선해 소비자 입장에서 서점의 정체성을 완전히 바꾼 것이다.

이러한 전환의 노력은 후쿠오카에서 약 1시간 떨어진 곳에 위치한 인구 5만의 소도시 다케오시를 인기 명소로 만들었다. 공적 시설인 시립 도서관을 츠타야에서 운영함으로써 새로운 활력을 불어넣은 덕분에 다케오를 찾는 방문객이 1년에 100만 명을 넘어섰다. 츠타야는 디지털 기술을 활용해 다양한 이해관계자가 서로 가치를 주고받을 수 있도록 전환함으로써 새로운 비즈니스 기회를 창출하고 있는 것이다.

융합과 공유는 특정 부서의 몫이 아니다

융합과 공유를 통해 혁신을 일으키는 것은 선택받은 소수가 아닌 구성원 전체의 임무가 되어야 한다. CEO와 경영진은 물론 모든 부서, 모든 직원이 동참해야 하는 것이다. 4차 산업혁명에서 기하급수 변화를 이끌어내려면 스피드가 핵심이다. 전사 참여를 통한 빠르고 지속적인 실행을 위해서는, 앞에서 강력하게 지원하고 무대를 만들어주는 경영진의 리더십이 필요하다.

여기에 현장에 근접해 현장 상황을 가장 잘 아는 직원들이 적극적으로 참여해야 발 빠르게 실행할 수 있다. 조직 구조를 포함한 제도를 바꾸고 모두가 디지털 기술을 경영에 접목할 수 있는 역량을 키워주어야 한다. 그러기 위해서는 열정을 가진 직원들이 지치지 않고 자발적으로 참여하는 새로운 문화를 구축할 필요가 있다.

디지털 리더십에 디지털 비전 더하기

비전은 직원을
움직이게 만드는
최고의 동기다

환경이 변화함에 따라 새로운
가치를 창출하기 위해서는 3가지 영역에서의 혁신, 즉 고객
경험을 확장하고 운영 프로세스를 혁신하며, 비즈니스 모델
을 재창조해야 한다고 설명했다. 그런데 이 모든 과정은 구성

원들의 노력 없이 결과를 얻기가 어렵다. MIT의 조지 웨스터먼과 켑제미나의 디디에 보네는 디지털 비전이 중요한 이유를 다음과 같이 설명한다.

"대다수 직원은 급여를 받기 위해 일을 하지 무언가를 변화시키기 위해 일을 한다고 생각하지 않는다. 지금까지 대대적인 시도가 현실화되지 못하는 것을 지켜본 경험이 있기에, 디지털이 불러온 변혁 역시 한때의 유행으로 생각한다. 따라서 변화가 그들 자신의 일에 어떤 영향을 미치는지 혹은 거기에 어떻게 대응해야 하는지 이해하지 못할 수도 있다."

이러한 이유로 변화를 시도하기 위해 현재 상황이 얼마나 좋지 않은지 생생하게 보여주는 방법이 있다. 이건희 삼성그룹 회장이 '삼성 신경영'을 시작할 때 진행한 불량 제품 화형식이 대표적인 사례다. 1995년 3월 9일, 경북 구미사업장에서 삼성전자 임직원 2,000명이 모인 가운데 휴대폰, 팩시밀리 등 시가 500억 원 상당의 제품을 망치로 부수고 태우는 일이 있었다. 새로운 규범으로 신선한 변화의 바람을 일으키기 위해서는 모든 사람이 눈으로 직접 보고 느껴야 한다는 생각에서 비롯된 것이다.

당시 삼성그룹 경영진은 품질 위주 경영을 내세워 생산 라인을 중단시키더라도 불량률을 선진국 수준으로 낮추고, 한 품목만이라도 세계 제일의 제품을 만들도록 요구했다. 이후 10년간 이를 위한 각종 정책을 강도 높게 추진했고, 그 결과 삼성은 반도체를 비롯해 TV와 휴대폰 분야에서 눈부신 외적 성장을 기록할 수 있었다.

1984년에 설립된 하이얼Haier은 중국을 대표하는 전자 제품 메이커다. 오늘날의 하이얼이 있기까지 CEO 장루이민의 역할은 절대적이었다. 하이얼의 전신인 칭다오 하이얼 냉장고靑島海爾電冰箱사의 총 공장장이던 장루이민은 회장에 취임한 뒤인 1985년, 한 고객에게 편지를 받았다. 하이얼 냉장고 품질에 문제가 많다는 내용이었다. 그는 창고로 달려가 냉장고 400대를 일일이 검사했고, 그 결과 76대에서 다양한 결함이 발견됐다.

불량 냉장고 처리 방안을 두고 회사 임원들은 우수 직원에게 선물로 주거나 관리들에게 상납하자는 의견을 내놨다. 그런데 장루이민은 임직원들이 보는 앞에서 불량 냉장고 전부를 망치로 부수도록 지시했다. 그 모습을 본 직원들은 충격에 휩싸였다. 당시 냉장고는 직원 평균 월급의 20배에 달하는 고가의 가전이었기 때문이다.

장루이민은 얼굴이 새파랗게 질린 직원들에게 "앞으로 품질 검사에서 합격하지 못한 제품은 시장에 내놓지 않겠다'라고 선언했다. "불합격 제품에 대해서는 생산자에게 책임을 묻겠다"라고도 덧붙였다. 직원들의 참여를 유도하기 위해 그 자신도 불량 냉장고가 생산된 데 대한 책임을 지고 한 달 치 월급을 벌금으로 냈다. 이후 하이얼은 세계 유수의 기업을 따돌리고 GE의 백색 가전 사업부를 인수했으며, 지금은 손꼽히는 글로벌 가전 기업이 됐다.

'소비자는 항상 올바르며 우리는 소비자가 원하는 제품을 만들어야 한다'라는 장루이민의 소신은 하이얼 역사에서 많은 이야깃거리를 만들어냈다. 중요한 시점마다 직원들의 마음을 움직이고 이들이 열정적으로 참여할 수 있도록 비전을 새롭게 설정했다. 얼마 전 그는 디지털 시대를 맞아 '기업의 플랫폼화, 직원의 창업자화, 고객의 개성화'라는 새로운 비전을 발표했다.

직원들이 확신을 가지고 변혁에 기꺼이 참여하게 하려면 그에 맞는 매력적인 비전이 필요하다. 어느 기업에서나 손쉽게 찾아볼 수 있는 평범한 비전은 직원 마음에 열정의 불을 지피기 어렵다. '고객과 직원, 투자자, 협력사에 유례없는 가치와 기회를 창조해 인터넷의 미래를 만들어간다'라는 비전도

좋지만, '모든 사람이 더 긴밀하게 연결되어 세상을 공유할 수 있도록 하는 힘을 갖게 해준다'가 더 매력적이지 않은가? 직원이라면 이런 비전을 실행하기 위해 회사와 함께 꿈을 꾸고 목표를 이루어나가고 싶을 것이다.

비전 수립을 위한 4단계

그럼 이렇게 멋진 비전을 수립하기 위해서는 무엇을 염두에 두어야 할까? 첫째, 첨단 기술을 도입하기에 앞서 기술을 활용해 사람들에게 어떤 혜택을 줄지에 초점을 맞추어야 한다. 끊임없이 변화하는 기술은 사업을 이루는 도구일 뿐이다. 따라서 변화하는 기술보다 중요한 것은 사업의 본질이다. '어떤 비즈니스를 할 것인가'를 정립할 수 있어야 한다.

둘째, 점진적인 변화가 아니라 혁신적인 변화를 추구해야 한다. 일상적으로 일어나는 점진적인 변화는 장기적인 관점을 담은 비전을 실현하는 데는 적합하지 않다. 뿐만 아니라 직원들에게 동기를 부여하기도 어렵다.

셋째, 명확한 방향을 제시하되 때에 따라서는 유연하게 행동할 여지를 두어야 한다. 비전이 명확하지 않으면 직원들이 혼란을 겪는다. 그렇다고 해서 너무 고정적이면 기하급수적으로 비즈니스 시스템이 변하는 상황에서 비전을 다시 바꿀 수밖에 없다.

마지막으로 함께하고자 하는 개인의 꿈이 비전의 실현과 함께 달성될 수 있다면 직원들의 참여도는 더 높아질 것이다. 구성원의 꿈과 회사의 비전이 일치하지 않으면 잠시는 함께 하겠지만 구성원은 결국 자신의 꿈을 이룰 수 있는 곳으로 옮겨 갈 것이다.

이상 네 가지를 염두에 두고 비전을 수립할 때 어떤 프로세스가 필요할까? 먼저 미래에도 여전히 가치를 잃지 않을 역량, 즉 기업의 전략적 자산을 파악하는 것으로 시작해야 한다. 전략적 자산을 파악했다면 이를 바탕으로 고객 경험, 운영 프로세스, 비즈니스 모델을 어떻게 혁신할지 확인한다. 이 중 하나를 선정해서 시작할 수도 있고, 모두를 아울러 설정할 수도 있다.

마지막으로 고객과 직원, 그리고 기업에 어떠한 혜택을 줄 것인지, 의도와 결과를 명확하게 표현해야 의미 있는 비전이 되어 모두의 가슴을 뜨겁게 해줄 것이다.

전략적 자산을 파악하면 새로운 비전이 보인다

글로벌 뷰티 기업 로레알은 '로레알, 세상의 모든 아름다움을 제공한다 L'Oréal, Offering Beauty for All'로 비전을 정하고 사업을 디지털화하는 데 초점을 두었다. 덕분에 온라인 판매가 33% 증가했다. 또 광고를 통해 더욱 효과적으로 사업을 확장하는 데 초점을 맞췄고, 디지털 광고가 전체의 30%를 차지하게 됐다. 이를 통해 패션과 아름다움에 대한 생각이 변화하는 지금, 로레알이 그 변화를 주도하는 역할을 했다고 전문가들은 분석하고 있다.

160년 전통의 스페인 은행 BBVA는 일찌감치 변혁의 물결을 감지하고 전통 기업에서 기하급수 기업으로 변신해 성과를 내고 있다. 1857년 빌바오에서 출발한 BBVA는 여러 번의 인수 합병을 거쳐 유럽, 남미, 북미, 아시아 등 35개국에 진출한 글로벌 은행으로 성장했다.

BBVA의 존재 이유는 '고객의 더 나은 미래를 위해 일한다'이고, 이를 위해 고객에게 최고의 금융상품과 서비스를 제공한다는 것이 그들의 비전이었다. 고객이 그들의 중심에 있었다. 그런데 여기에 그치지 않고 '모든 일의 중심에 고객을 둔다'는 것으로 비전을 변경했다. 이 말은 그들의 비전이 단지 상품과 서비스에 국한하지 않는다는 뜻이다.

또 모든 일의 중심에 고객을 두기 위해 여섯 가지 전략적 우선순위를 정했다. 고객에게 새로운 경험을 선물하며 동시에 디지털 판매를 촉진한다는 것이다. 또 최고 수준의 구성원들을 유지하고 이들로 하여금 타의 추종을 불허하는 효율성을 달성하도록 했다. 이 외에 비즈니스 모델의 혁신은 기존 뱅킹 서비스와 다른 새로운 패러다임, 즉 새로운 생태계에 적응하기 위한 두 가지 방법이 있다고 보았다. 바로 내부에서 새로운 비즈니스 모델을 만드는 것과 자본을 최적으로 할당해 새로운 비즈니스가 성공적으로 실행될 수 있도록 지원하는 것이다.

현재 BBVA는 'BBVA Ventures'라는 제도를 만들어 새로운 비즈니스 모델을 만들고 있다. 그리고 혁신적 스타트업과의 제휴하거나 혁신 잠재력이 큰 스타트업에 투자한다. 2017년 연례 보고서에는 로 비즈니스raw business 모델의 변화를 위한 노력이 5단계로 정리되어 있다. 협업을 위한 노력, 내부 창업을 위한 지원, 전략적 제휴, 인수와 투자, 벤처 캐피탈로서의 역할이 그것이다. 2017년 4분기 결과를 보면 협업 22건, 사내 창업 6건, 인수와 투자 검토 130건을 진행하고 있으며, 스타트업 24곳에 투자하고 있다.

이처럼 BBVA는 혁명의 시대가 올 것을 미리 감지하고 모든 부분에서 변혁을 시도해 괄목할 만한 성과를 이루어냈다. 변화를 추구함에 있어 그들의 미션과 비전을 다시 들여다보고 새로운 시대를 이끌 전략을 수립했다. 조직을 바꾸고 우선순위를 정했으며 자원 배치도 이에 적합하게 조정했다. 그 시작은 바로 시대에 맞는 비전의 재설정이었다.

비전을 행동으로 바꾸는 참여의 법칙

비전 수립이 직원들의 마음을 움직이는 데만 그치면 아무 소용이 없다. 중요한 것은 비전이 행동으로 나타나는 것이다. 기하급수 기업의 가장 큰 특징인 전사적 참여는 모든 직원이 비전을 실현하겠다는 의욕에 넘쳐 적극적으로 관여하는 것을 말한다.

P&G 경영 자문인 뎁 헨레타Deb Henretta는 모든 직원을 참여

시킬 수 있는 방법으로 톱다운top-down 리더십을 포함한 다섯 가지를 제시했다.

첫째, 톱다운 리더십은 디지털과 거리가 먼 임원부터 노력하게 하는 것이다. 시바스리걸과 앱솔루트 보드카로 유명한 프랑스 주류 기업 페르노리카Pernod Ricard는 경영진 1,000여 명이 방법론에 관한 교육을 먼저 수료하도록 한 후 전 사 디지털 로드맵을 구축했다. 미국의 종합 식품 회사 크래프트 푸즈Kraft Foods는 팟캐스트를 통해 임원들과 직원들이 변화의 필요성을 소통했다.

둘째, 고객과 직원을 직접 소통하게 한다. 영국의 에너지 기업 센트리카Centrica는 그들의 신제품인 스마트홈 가전제품을 판매하기 시작했을 때, '커넥티드홈'이라는 부서를 만들었다. 직원들이 직접 소비자 집으로 가서 제품 사용법을 설명하고 피드백을 들을 수 있도록 한 것이다.

셋째, SNS에 포스팅되는 고객의 코멘트를 직원들이 실시간으로 볼 수 있도록 한다. 세계적인 호텔 체인 아코르 호텔 그룹Accor Hotel Group은 트립어드바이저Trip Advisor, 부킹닷컴Booking.com, 익스피디아Expedia 등 150여 개의 다양한 채널에서 고객의 목소리를 수집한다. 그런 다음 이를 지역과 성격에 따라 분류해 전 세계 모든 호텔에 근무하는 직원들이 실시간으로 볼 수 있도록 대시보드 형태로 공유한다. 좋은 코멘트에는 감사 댓글을 달고, 나쁜 코멘트에는 사과를 하는 등 재빨리 대응하도록 하고 이를 KPIKey Performance Indicator, 핵심 성과 지표로 관리한다.

넷째, 직원이 각자의 경험을 설계하도록 한다. 직원들이 업무를 수행하면서 각 단계에서 경험하는 여정 지도를 작성해 현황을 점검하고 이후 필요 사항을 개선할 수 있도록 조치를 취하는 것이다. LVMH 그룹의 명품 브랜드 셀린느Celine는 직원들이 업무를 수행하는 과정에서 보람과 긍지를 가질 뿐 아니라, 다른 직원의 역할에 대한 이해도를 높이기 위한 프로그램job shadowing program을 운영한다.

마지막으로 평생 학습으로 직원들의 업무 적응을 위한 스킬업 교육 등을 제시했다. 직원들이 업무 관련 지식과 역량을 보유하면 더욱 적극적으로 참여하게 된다는 생각에서다. 시장을 주도하기 위해 필요한 역량과 디지털 역량 향상 교육을 설계하고, 실용적인 노하우 중심의 수업과 워크숍을 시행한다. 더불어 인센티브를 제공함으로써 교육 참여도를 높이고, 디지털 적응을 활용하는 기초를 마련하게 한다.

거버넌스 200%
활용하기

전 직원이 동일한 비전을 갖고 변화할 수 있도록 독려하는 것, 그리고 함께 참여하는 것은 분명 중요하다. 그러나 일시적으로만 이루어진다면 대변혁이라 할 수 있는 커다란 변화의 상황에서 성과를 낼 수 없다. 전 직원이 지속적으로 참여하도록 유도하기 위해서는 조직 구조와 제도 등 전체 거버넌스governance를 새롭게 구축해야 한다.

거버넌스에는 재무, 인재 관리, 브랜드 관리 등이 포함된다. 거버넌스가 새로운 방식으로 활발하게 역할을 하기 위해서는, 조율과 공유가 원활하게 이루어지도록 설계해야 한다. 명확한 역할 규정, 우선순위와 주도권, 부서 간 투자와 협조 등을 잘 조율할 수 있도록 하고, KPI나 로드맵처럼 모두가 알아야 하는 내용은 지속적으로 공유할 수 있도록 통합 데이터 플랫폼을 구축하는 것도 빼놓아서는 안 된다.

거버넌스의 핵심 메커니즘은 최고 경영진이나 협의체 같은 위원회, 파괴를 통해 창조를 이끌어내는 것을 주도하는 CDOChief Digital Officer, 최고 디지털 책임자, 그리고 기업 전반에 걸쳐 시너지를 주도하며 디지털 이니셔티브를 실행하는 조직인 디지털 부서 등 세 가지 형태가 있다.

글로벌 자동차 제조사 볼보의 경우, 강력한 위원회를 통해 엔지니어링과 생산 부서의 활동을 연계하고 고객 서비스 방침을 수립하는 방식으로 커넥티드 카connected car 비즈니스를 이끌고 있다.

스타벅스는 2012년 애덤 브로트먼Adam Brotman을 CDO로 임명해 웹과 모바일 커뮤니케이션 관련 업무를 관장하게 했다. 그에 따라 소셜 미디어, 스타벅스 카드와 로열티 프로그램, 매장 와이파이와 스타벅스 디지털 네트워크, 매장 디지털과 엔터테인먼트 팀 등을 이끌었다. 브로트먼은 여러 부문을 거쳐 오랜 기간 인정받아온 인물로, 스타벅스 CEO의 전폭적인 지지를 받으며 강력한 리더십을 발휘했다.

한편 로레알은 2012년 테크놀로지 인큐베이터라는 디지털 부서를 설립했다. UX 디자이너, 물리학자, 생물학자 등 다양한 분야의 전문가 26명으로 구성해 혁신을 추진하는 부서다. 2014년에는 가상 메이크업 앱인 '메이크업 지니어스Makeup Genius', 2016년에는 자외선 양을 알려주는 '마이 UVMy UV' 패치 등을 개발해 고객의 경험을 확장시키고 있다.

그런데 이처럼 디지털 혁신을 추진하기 위해 위원회를 활용하거나 CDO를 임명해 혁신을 주도하도록 하는 것, 또는 주무 부서를 두어 디지털 동향을 파악하고 기술 적용점을 탐색하며 조직 문화를 개선하는 데는 또 다른 뒷받침이 필요하다. 바로 IT 부서와 비즈니스 부서의 긴밀한 협업이다. 예전처럼 IT 부서에서 알아서 주도적으로 시스템을 구축한 후 일반 부서에서 단순히 이를 활용하는 수준에 머물러서는 혁신이 이루어지기 어렵다.

IT와 비즈니스, 긴밀하게 연결하기

고객을 접하는 부서나 운영 지원 부서 등 IT 시스템을 활용하는 부서가 고객의 경험을 강화하고 확장하기 위해서는 IT 지식이 어느 정도 필요하다. 더불어 IT 부서도 비즈니스 전반을 이해해야 보다 효과적인 시스템을 구축할 수 있다. 그런 만큼 IT 부서와 비즈니스 부서가 긴밀하게 협업할 수 있도록 리더십을 발휘해야 한다. 2017년 가트너Gartner 그룹에서는 거대 기업 CEO들을 대상으로 설문 조사를 했다. 향후 2년간 기업에 가장 중요한 것이 무엇이냐는 질문에 58%가 '성장'이라고 답했다. 여기서 주목해야 할 것은 바로 두 번째로 중요하다고 본 항목이다. 대다수의 응답자가 IT와 관련된 이슈를 꼽았다. 문제는 이렇게 중요하다고 본 IT에 대한 이해가 아주 낮다는 점이다.

'디지털 기술이 무엇이라고 생각하느냐'라는 질문에 대한 답을 살펴보자. 1990년대 정의라 할 수 있는 '컴퓨터로 자동화된, 종이를 쓰지 않는 서비스'라는 답변부터 '전자 상거래와 디지털 마케팅', '사물 인터넷, 인공지능 및 블록체인'이라는 최신 디지털 흐름까지 답변의 다양했다.

이번에는 2015년 맥킨지에서 진행한 조사 결과를 보자. 디지털화의 가장 큰 장애물이 무엇이냐는 물음에 응답자의 31%가 내부 리더십과 인재 부족을, 25%가 비즈니스 속도에 발 맞추는 능력 부재를, 23%가 디지털과 기존 비즈니스 간의 불일치를 꼽았다.

성공적인 혁신을 이루기 위해서는 IT와 디지털이 비즈니스의 중심축이 되도록 하는 IT 리더십이 반드시 필요하다. 다시 말해 비즈니스를 디지털화하기 위해서는, IT와 디지털에 대

디지털화의 가장 큰 장애물은?

응답자(%), n=987

내부 리더십 및 인재 부족 (기능적, 기술적 측면 모두)	31
트렌드가 미칠 영향 대한 이해와 데이터 부족	25
비즈니스 속도에 발 맞추는 능력 부재	25
실험적 사고 방식 적용 능력 부재	25
전용 자금 지원 및 디지털 이니셔티브 부재	24
디지털 프로젝트와 기존 비즈니스 간 불일치 및 이해(예 : 자기 잠식 효과)	23
경영진 개입 및 현 관행 변경 의지 부족	21
디지털화에 적절치 않게 설계된 조직 구조	20
새로운 기회를 활용할 수 있는 유연함	19

출처 : Cracking the Digital Code : Mckinsey Global Survey Results, 2015

해 제대로 이해하는 것을 바탕으로 IT 부서와 비즈니스 현업에 있는 직원들이 긴밀한 관계를 맺고 디지털 플랫폼을 구축하는 것이 전제되어야 한다.

IT 부서와 비즈니스 부서 간에 강력한 관계를 형성하기 위해서는 우선 IT 담당자가 자신의 업무에 대해 말할 때 모두가 알아들을 수 있는 언어를 사용해야 한다. 또 IT가 조직에 제공하는 가치를 명확하게 보여주는 것이 필요하다. 디지털화하면 어떤 부분이 얼마나 편리해지는지, 업무 속도는 얼마만큼 빨라지는지 등 기여도를 눈에 보이도록 정리하고 공유해야 한다.

마지막으로 투자를 결정하고 평가하는 방식을 바꿀 필요가 있다. 평가 방식은 구체적이고 모두가 이해할 수 있는 수준으로 다시 정리해야 한다.

디지털 플랫폼은 부서별로 각각 구축하기보다 전 사적 관점에서 통합해 구축해야 한다. 또 최고 마케팅 책임자인 CMO가 주축이 되어 네트워크만 중심이 되게 한다든지, 최고 정보 책임자인 CIO가 주축이 되어 인프라와 데이터만 강조해서는 안 된다. 분업화와 효율성을 추구하다 보면 데이터가 분산되는데, 그러다 보면 플랫폼도 분산된다. 네트워크도, 인프라도, 데이터도 모두 전체적 관점에서 통합해야 한다.

싱가포르 개발은행DBS은 IT와 비즈니스가 함께 성장하도록 하기 위해 T&OTechnology and Operations 부서를 신설했다. 피유시 굽타Piyush Gupta 회장은 빠르고 성공적인 디지털화를 진행하고 있다. 그는 맥킨지와 나눈 인터뷰에서 "단순히 '디지털 립스틱'만 바른다고 해결될 문제가 아니라 근본적인 변화를 이끌어내야 한다는 지론 아래 장기적인 비전과 실행 방안을 마

싱가포르 개발은행 T&O 부서의 조직 구조

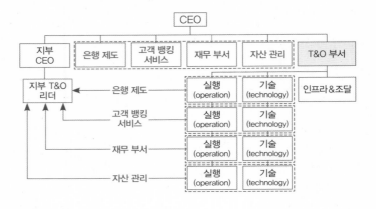

련했다"라고 강조했다. IT 부서와 비즈니스 부서를 통합해 직원 입장이 아니라 고객 입장에서 금융 서비스를 제공할 수 있도록 한 것이다. 또 T&O를 CEO 아래 신설해 각 기능 부서의 기술과 실행을 담당하게 하고, 각 지부 CEO 아래 지부 T&O를 지원하도록 했다.

더 나아가 비즈니스 리더에게 '디지털 방식을 이용한 직원과 고객의 참여'라는 디지털 KPI까지 채택해 IT 리더십을 발휘할 수 있는 환경을 조성했다. 먼저 '은행 업무를 즐겁게 만들자'는 전략을 수립하고 디지털 성과 측정 기준을 설정했다. 디지털 참여도를 통해 고객의 참여를 얼마나 유도했는지 측정하는 것이었다. 그리고 200명의 임원진에게 '디지털 방식을 이용한 직원과 고객의 참여'라는 KPI를 부여해 IT 리더십을 발휘하도록 했다.

IT가 비즈니스의 중심축이 되도록 돕는 IT 리더십은 IT와 비즈니스의 관계를 구축하고 전 사적 관점에서 통합된 디지털 플랫폼을 구축함으로써 가능해진다. 한 걸음 더 나아가 이 모든 활용을 KPI에 반영한다면 실행 속도가 빨라질 것이다.

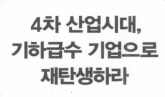

**4차 산업시대,
기하급수 기업으로
재탄생하라**

일하는 방식이
기업의 미래를 바꾼다

기하급수 기업으로 변신하는 것
은 단기간에 이룰 수 있는 일이 아니다. 모든 직원이 함께 변화
할 때 비로소 가능하다. 다시 말해 기하급수 기업이 일하는 방
식을 모든 직원에게 적용하고 정착될 수 있도록 해야 한다.

스티브 잡스는 1998년《포천》과 나눈 인터뷰에서, 혁신은 돈의 문제가 아니고 함께하는 사람들이 일하는 방식과 그들을 이끄는 리더십에 달려 있다고 했다. 특히 지금과 같은 혁명의 시대에 제대로 혁신을 이루려면, 직원들이 일하는 방식과 리더십이 함께 바뀌어야 한다. 아무리 좋은 컨설팅업체에 진단을 의뢰하고 디지털 역량을 갖춘다 해도 일하는 방식 자체를 바꾸지 않으면 완전한 변화는 어렵다.

싱귤래리티대학 창립 멤버인 살림 이스마일은 불과 4~5년 만에 동종 업계 10배의 성과를 내는 기하급수 기업의 100개를 대상으로 그들이 일하는 방식의 몇 가지 특징을 도출했다. 대담한 변화를 가져오는 목적인 MTP Massive Transformative Purpose 에서 시작해 대외적 요소 다섯 가지, 대내적 요소 다섯 가지를 선정했다.

우선 스타트업이 아닌 기존 기업이 일하는 방식은 세 가지로 분류할 수 있다. 첫째, 업무를 수행할 때 디지털 기술을 최대한 활용해 고객의 경험을 강화하고 확장할 뿐 아니라 운영 혁신으로 효율성을 높이는 것이다. 디지털 기술에는 인터페이스, 알고리즘, 대시보드, 소셜 테크놀로지가 해당된다.

둘째, 아무리 내부에 자원이 많다고 하더라도 전 세계에 흩어져 있는 자원보다는 적다. 따라서 외부 세계에 퍼져 있는 자원을 활용해야 한다. 효율성에만 초점을 맞춘 지금까지의 일하는 방식에서 벗어나 민첩하게 결정하되, 빠른 실험을 통한 유연한 문화를 구축해야 한다. 자원은 주문형 직원, 임차 자산, 커뮤니티와 크라우드를 들 수 있다. 마지막으로 기업 문화는 참여, 자율, 실험을 핵심으로 삼아야 한다.

디지털 기술의 활용

4차 산업혁명은 무엇보다 과학기술을 기반으로 한 융합 혁명이다. 2017년 다보스 포럼에서는 인공지능, 빅데이터, 클라우드, 블록체인을 네 가지 핵심 기술로 선정했다. 그런데 이것만으로 고객이 만족할 수 있을까? 그렇지 않다. 이 네 가지 신기술을 작동하게 하거나 이를 적용하는 IoT를 비롯해 증강현실과 가상현실, 3D 프린팅, 자율주행, 드론 등을 활용해 고객을 만족시켜야 한다. 그럼 이런 새로운 기술은 어떻게 활용되고 있을까?

인공지능, IoT 등이 직접적으로 관련된 4개 산업군을 살펴보자. 먼저 통신 산업에서는 스마트폰과 단말기를 비롯해 IoT

를 활용해 고객의 생활 패턴과 관련된 데이터를 수집한다. 통화, 결제, 검색 등의 모든 패턴이 이에 해당한다. 그런 다음 인공지능은 고객의 관심사와 관련된 정보를 활용해 최적화된 맞춤 서비스를 제공한다.

예를 들어 아마존은 이런 기술을 활용해 고객에게 두 가지 혜택을 제공한다. 저렴한 가격과 빠른 배송이 바로 그것이다. IoT를 활용해 고객의 구매 패턴에 관련된 데이터를 수집한 뒤 인공지능을 통해 이를 분석한다. 그 결과 특정 지역에 사는 특정 고객이 어떤 물건을 언제쯤 필요로 할지 알 수 있다. 만약 이 물건을 실은 배송 트럭이 해당 도시를 돌 때 고객이 주문하면 최소 2시간 후 배송할 수 있다.

제조업의 경우 이를 통해 스마트 팩토리가 가능해진다. 자동화를 넘어서 기계와 기계가 서로 필요한 데이타를 주고받으며 자율적으로 작동하는 것이다. 독일 암베르크에 있는 지멘스 공장은 모든 설비에 IoT 시스템을 구축했다. 실시간으로 기계가 어떻게 작동하고 있는지 공장 내 데이터를 수집하고 분석해 자동 제어함으로써 불량률을 1/40, 에너지 비용을 30% 감소시켰다.

마지막으로 인프라 산업이다. 세계적인 중장비 제조사 캐터필러Caterpillar는 인터넷에 연결된 통신 모듈을 중장비가 아닌 핵심 부품에 설치한다. 예전에는 장비가 고장 나면 A/S를 제공했지만, 지금은 실시간으로 모든 상황을 수집해 기계 상태를 파악한다. 이를 통해 기계에 문제가 생긴 후 고객이 찾아오는 것이 아니라, 일주일 후 중장비가 고장 날 것 같으니 미리 부품을 바꾸는 것이 좋겠다고 고객에게 제안하는 사전 서비스를 실행한다. 캐터필러뿐 아니라 GE, 에어버스, 지멘스, 롤스로이스 등 다른 중장비 제조업체들도 데이터를 적극적으로 활용하고 있다. 다양한 산업 분야에서 4차 산업혁명 관련 신기술을 적극 활용하고 있는 것이다.

제품과 서비스뿐 아니라 기업에서 일하는 방식에 활용하는 기술은 다른 용어를 사용한다. 인터페이스, 알고리즘, 대시보드, 소셜 테크놀로지를 예로 들 수 있다. 인터페이스는 수요자와 공급자의 접점이며, 알고리즘은 의사 결정을 자동화하는 소프트웨어의 집합체다. 대시보드는 운전에 필요한 정보를 보여주는 계기판처럼 관련 정보를 한눈에 보게 해준다. 비즈니스에서는 회사의 목표를 달성하기 위한 핵심 지표를 실시간으로 관련 구성원이 확인할 수 있도록 해준다.

이 밖에 소셜 테크놀로지는 정보처리가 지연되는 것을 최소화하고 협업을 극대화하기 위해 기업 내부는 물론 외부까지 제때 의사소통할 수 있도록 도와준다.

인터페이스

수요자와 공급자의 접점인 인터페이스는 디지털 시대에 접어들면서 생긴 것은 아니다. 직접 대면하는 것에서 아날로그 방식인 대화, 편지, 전화 등을 거쳐, 최근에는 인터넷, 카카오톡과 페이스북 등 다양한 디지털 방식으로 변경되었다. 인터페이스가 잘 구축되면 그 편리함 덕분에 사용자층이 확대된다.

과거에 컴퓨터 운영체제로 주요 사용되었던 MS DOS는 텍스트 기반 소프트웨어여서 전문성이 있어야 사용할 수 있었다. 그 때문에 컴퓨터 지식이 있는 특정 계층만 사용 가능했다. 디지털화가 시작되면서 생겨난 천리안이나 AOL의 경우, 약간의 교육을 받으면 사용할 수 있을 정도로 진보했다. 그럼에도 여전히 접속하기 쉽지 않다는 불편함이 있었고, 일반인이 사용하기는 한계가 있었다.

기술이 발전한 덕분에 이제는 남녀노소 상관없이 대부분의 사용자가 손쉽게 접근할 수 있게 됐다. 특히 음성을 인식하는 인터페이스가 개발되면서 영어권에서는 90%, 한국어권에서는 70% 정도 인식률이 실현되고 있다. 한국어가 영어에 비해 인식률이 떨어지는 것은 전 세계 한국어 사용자가 영어 사용자의 약 1/20에 불과하기 때문이다. 데이터가 모이는 양과 속도에 따라 달라지겠지만, 현재로서는 한국어의 경우 3년 정도 더 사용해야 인식률이 90% 정도로 올라갈 것으로 예측된다. 물론 데이터가 모이는 양에 따라 더 빨라질 수도 있다.

아마존 에코의 경우 2017년 10월 기준으로 700만 개가 팔렸다. 구글의 구글홈은 1년 만에 200만 개가 판매됐고, 아직은 인식률이 90%에 못 미치지만 한국에서도 2016년 하반기부터 KT의 기가지니, SK의 아리아가 시판되고 있다.

그럼 미래의 인터페이스는 어떤 모습일까? 사용자의 움직임을 통해 미디어와 직관적이고 간편하게 상호작용할 것으로 보인다. 카네기멜런대학교의 HCIHuman Computer Interaction Institute에서는 동작 기반의 인터페이스를 개발했다. 어디든지 프로젝션을 띄울 수 있는 표면이 있으면 작동 가능하며, 사람의 동작으로 모든 것을 제어할 수 있다. 또 화면 크기와 방향을 상황에 따라 조정할 수 있다. 프로젝션을 방해하는 물체가 나타나면 이를 스스로 피해 다른 곳의 상황을 표현하며 컴퓨터와 서로 떼어놓을 수도 있다.

이 기술은 2018년이면 상용화될 예정이며 VR 기술의 발전에 힘입어 2020년까지 빠르게 성장할 전망이다. 스마트폰의 디스플레이가 좀 더 커지면 좋겠다는 모두의 바람을 이 프로젝션이 해결해줄 것으로 예상한다.

뇌와 기계를 연결해 컴퓨터나 기계를 직접 조작하는 인터페이스는 페이스북, 테슬라 등 실리콘밸리 기업들의 투자를 받아 이미 개발되고 있다. 인간의 뇌를 직접 연결해 소통하는 인터페이스를 사용한다면 언어가 필요 없어질지도 모른다. 시스코 시스템즈Cisco Systems에서는 2028년이 되면 사람의 머리 속 생각을 TV 자막처럼 바로 문자로 나타낼 수 있을 것이라 예측했다. 그렇게 되면 외부에 있는 디지털 정보를 뇌에 넣는 일은 어렵지 않게 된다. 반면 뇌에 있는 것을 끌어내는 것은 상대적으로 시간이 좀 걸릴 것으로 보인다.

뇌에서 뇌로 정보를 보내는 '브레인 투 브레인brain to brain'은 여전히 신의 영역으로 여겨진다. 하지만 2025년이면 이 또한 가능해질 것으로 보인다. 그렇게 되면 서로 말을 할 필요가 없어질지도 모른다. 눈만 마주치면 상대가 말하고자 하는 것을 이해하게 되니 말이다. 1~3차 산업혁명은 인간의 손발을 대체하는 자동화에 초점을 맞췄다. 반면 4차 산업혁명의 핵심은 두뇌다. 과거의 산업혁명들과 비교하면 변화의 폭과 깊이가 다르다.

알고리즘

인터페이스와 알고리즘은 따로 떼어놓고는 생각할 수 없는 관계다. 알고리즘이 인터페이스로 나타나야 고객이 반응하기 때문이다. 즉, 알고리즘은 자동화된 의사 결정을 도와주며 그 결과가 인터페이스로 전달된다.

탁월한 알고리즘의 활용으로 세계를 장악한 기업이 구글이다. 구글은 독특한 알고리즘을 만들어 검색 분야 1인자이던 야후를 뛰어넘었다. 페이지와 페이지 사이의 링크를 분석해 많이 연결된 페이지를 더 좋은 문서로 판단했다.

또 접속 횟수가 많고 연관성이 높은 링크를 상위에 노출했을 뿐 아니라, 신뢰성에도 가산점을 부여했다. 특정 링크의 클릭률이나 특정 링크가 얼마나 많이 링크되었는지 기록해 '연관성' 점수도 부여했다. 구글은 이렇게 정량화된 알고리즘 값을 창립자 페이지의 이름과 조합해 '페이지랭크'라는 이름을

붙였다.

이 특별한 알고리즘에는 정확한 결과를 이끌어내는 두 가지 중요한 특징이 있다. 첫째, 웹의 링크 구조를 활용해 각 웹 페이지의 품질 순위를 결정한다. 둘째, 링크를 활용해 웹 페이지의 '페이지 랭크'를 빠르게 계산하게 해주는 맵을 만든다. 이 때문에 구글은 전 세계 시장 최고의 점유율을 기록하는 지배적 검색 엔진이 됐다. 웹 페이지 수십억 개를 색인화해 사용자가 키워드와 운영자를 통해 원하는 정보를 검색할 수 있도록 하는 효율적인 검색 기능을 제공하기 때문이다.

재미있는 사실은 검색 엔진 시장에서 10년 이상 최강자였던 야후에 1998년 구글이 도전장을 내밀었을 때, 야후는 전혀 경계하지 않았다는 점이다. 야후는 사람이 원하는 것을 제대로 검색하는 수준까지 기술이 발전하지 못한다고 생각했다. 그래서 수천만 개의 분류 체계를 세우기 위해 수십만 명을 동원했다.

그런데 2003년 이후 데이터의 양은 폭발적으로 증가했고, 더 이상 사람으로는 분류를 감당하기 어려웠다. 결국 2007년, 야후는 검색 엔진 시장에서 1등 자리를 구글에 넘겨줄 수밖에 없었고, 모두가 아는 것처럼 역사의 뒤안길로 사라져갔다.

지금의 구글을 만든 것은 알고리즘이라 해도 과언이 아니다.

오늘날 알고리즘에서 빼놓을 수 없는 것이 인공지능이다. 인공지능이란 단어가 처음 등장한 것은 1956년 다트머스대학교에서 존 맥카시가 개최한 포럼이었다. 마빈 민스키, 너대니얼 로체스터, 클로드 섀넌이 처음 사용했는데, 이때는 추론과 탐색에 관심을 두었다. 인공지능이 인간처럼 생각하고 문제를 풀 수 있게 하기 위한 연구는 1970년대까지 활발히 이루어졌지만, 복잡한 문제를 푸는 수준까지는 불가능해서 급격하게 빙하기를 맞았다.

1980년대 머신 러닝과 관련된 연구를 진행하면서 실용적인 시스템을 개발했으나, 방대함을 관리하기에는 어려움을 겪었다. 그러다가 1990년대, 인터넷의 출현과 함께 인공지능 연구는 중흥기를 맞기에 이른다. 검색 엔진을 통해 비교되지 않는 수준의 방대한 데이터를 수집할 수 있었고, 스스로 학습하는 형태의 완전한 머신 러닝을 연구하기 시작했다.

특히 연구자들은 인간의 뇌를 모방한 신경망 네트워크neural networks 구조를 파고들었다. 예를 들어 이탈리아어 회화를 배울 때 인간의 뇌를 보면 뇌세포 수십만 개를 연결하는 신경망이 작동한다. 개인차가 있지만 학습할 때 신경망이 작용하는 패턴은 일정하다. 전문가들은 이 패턴을 연구해 알고리즘을 만들었는데, 이것이 바로 딥러닝이다.

서울대학교 장병탁 교수 팀이 컴퓨터 인공지능에 아이들이 즐겨 보는 애니메이션 〈뽀로로〉를 13편에서 180편까지 보여주었다. 13편을 보여준 초기에는 단순히 관련 단어를 나열하는 정도였는데, 180편을 모두 보고 나서는 똑같은 주제어를 줘도 이미지와 자막을 정교하게 조합했다. 만화영화를 본 컴퓨터가 스스로 학습해 등장인물과 그들의 성격, 그리고 상황을 파악한 것이다.

2016년 발표된 것에 따르면 인공지능의 지능지수는 50에 못 미치는 수준이다. 그런데 컴퓨터는 사람과 달리 잠을 자지 않고 끊임없이 학습을 한다. 게다가 처리 속도는 더욱 빨라지고 있다. 가까운 미래에 인공지능이 사람의 지능과 능력을 뛰어넘는 시점이 온다고 주장하는 것은 바로 이 때문이다.

구글의 인공지능 개발에 자문하는 미래학자 레이 커즈와일은 빠른 속도로 발전하는 인공지능은 2029년이 되면 사람처럼 감정을 느끼고, 2045년에는 인공지능이 전체 인류 지능의 총합을 넘어서는 시점, 즉 특이점singularity이 온다고 주장한 바 있다. 2030년이면 기계가 인간처럼 정체성을 갖게 된다는 것이다.

익스피디아닷컴_{expedia.com}에서는 사이트에 올라온 사진의 포스팅 순서와 예약의 연관성을 인식하고, 딥러닝 기법을 통해 호텔 29만 5,000개의 이미지 1,000만 장을 분석했다. 그리고 호감을 주는 사진을 우선 배열하는 프로젝트를 진행함으로써 예약률을 높였다. 재미있는 것은 여기에서 활용한 첫 번째 알고리즘이 새롭게 개발한 것이 아니라, 오픈소스로 되어 있는 아마존의 '매케니컬 터크_{Mechanical Turk}'라는 사실이다.

중국 상하이 인공지능연구소에서는 범죄자 사진을 바탕으로 범죄자 관상을 파악하는 알고리즘을 만들기도 했다. 90% 확률로 범죄자를 맞힐 수 있으며 미간 거리, 코와 양 입술 사이 각도 등을 구분할 수 있다고 한다.

피아지오_{Piaggio}의 계열사 피아지오 패스트 포워드_{Piaggio Fast Forward}에서는 제작한 사람을 따라다니는 수화물 캐리어 지타_{Gita}를 개발했다. 지타는 자체 GPS 기능을 갖추어 한번 가본 길을 기억한다. 따라서 가본 곳이라면 사람이 직접 물건을 들고 갈 필요 없이 지타에 담아 보내면 된다. 허리 벨트에 카메라를 장착해 지타의 카메라와 연결하면 움직임을 제어할 수 있다. 이동할 때 짐 때문에 스트레스받는 일이 없어지고, 단순히 가방만 나르는 것이 아니라 공장의 무거운 툴을 운반할 수도 있으며, 골프장에서 캐디 역할을 대신할 수도 있을 것이다.

사실 피아지오는 스쿠터를 만드는 기업이다. 스쿠터 제조 기업이 왜 지타를 만들었을까? 거대한 변화를 일으키기 위해서는 기존 스쿠터에서 생각을 확장할 필요가 있기 때문이다. 더불어 앞으로 스쿠터만 만들어서는 이익을 낼 수 없다는 점을 인식하고, 누구나 타고 싶어 하는 스쿠터를 만드는 것을 목표로 정한 것이다.

그런데 알고리즘을 잘 구축한다 하더라도 고객과 원활하게 소통하지 못하면 바라는 성과를 내기가 쉽지 않다. 현재 하루에 생산되는 데이터의 양은 8ZB로 알려져 있다. 8ZB는 1021으로 10해를 뜻한다. 현재 일상에서 가장 큰 단위로 인식하는 '테라'는 1012로 1조를, 테라 다음 단위인 '페타'는 1015로서 1,000조를 뜻한다. 좀 더 이해를 돕기 위해 예를 들면, 8ZB는 2시간짜리 HD 영화를 24시간 동안 30만 명이 볼 수 있는 양이다.

이 정도로 어마어마한 양의 데이터가 쏟아진다면 가까운 미래에는 어떤 일이 일어날지 상상조차 어렵다. 분명한 사실은, 넘치는 데이터를 분석해 어떻게 고객과 소통할 것인지 대비해야 한다는 점이다.

대시보드

대시보드는 현재 상황을 보여주는 계기판이다. 기업의 경우 조직의 목표를 달성하기 위해 핵심 지표를 측정하고 실시간으로 관리할 수 있다. 데이터를 무한대로 저장할 수 있는 클라우드와 이 데이터를 활용해 분석하는 컴퓨팅 능력이 막강해진 덕분에 실시간으로 필요한 자료를 수집하는 것이 가능해졌다. 고객 수, 다운로드 수 같은 피상적인 지표뿐 아니라 수익화 정도, 고객 추천 지수 등 실질적 활용도가 높은 데이터도 수집할 수 있게 되었다. 또 관리해야 하는 핵심 지표를 실시간으로 보고 필요한 사항을 결정·실행할 수 있다.

대시보드를 잘 활용하면 첫째, 조직을 한 방향으로 정렬할 수 있고 둘째, 부서의 현재 상황을 정확하게 파악할 수 있다. 셋째, 그 결과 리스크에 기민하게 대응할 수 있다. 따라서 대시보드를 잘 활용하기 위해서는 어떤 것을 보여줄 것인가, 핵심 지표를 무엇으로 설정하느냐가 관건이다.

대부분 핵심 지표라 하면 KPI를 생각한다. 측정 가능한 것,

목표치를 부여한 후 달성 여부를 평가하고 이를 보상과 연계함으로써 성과를 관리한다. 통상 연 단위로 수립하되 위에서 정하고 아래로 내려가는 톱다운 형태를 띤다. 그런데 이런 KPI는 향후 목표 달성보다 과거 업무 수행을 평가하게 되어 있어 목표 달성을 위한 진정한 도구가 되기에는 한계가 있다. 게다가 연 단위 평가는 변화의 속도가 빠른 지금의 비즈니스 환경에는 적절하지 않다.

따라서 최근에는 KPI 대신 '무엇을 이룰 것인가?'와 '어떻게 이룰 것인가?'를 핵심 지표로 삼아 대시보드화하는 기업이 늘고 있다. 바로 목표와 핵심 결과 OKR Objective&Key Results 을 핵심 지표로 삼는 것이다. 만약 목표가 매출 20% 향상이라고 하면 핵심 결과는 월 매출 20억 이상, 신규 고객 10곳 유치, 신규 상품 200억 매출 달성 등을 지표로 만든다.

KPI와 OKR를 비교해보면, 측정 가능하도록 정량화된 수치로 표기된다는 점은 같다. 그런데 KPI는 성과를 관리하고 평가해서 보상과 연계하고자 하는 데 목적이 있다. 따라서 반드시 수행해야 할 업무에 초점을 맞춘다. 반면 OKR은 목표를 달성할 수 있도록 관리하는 데 초점을 둔다. 변화하는 환경에 맞추어 분기 단위로 관리하고, 운영은 현장에서 스스로 알아서 하는 보텀업bottom-up 의 상향식 형태를 띤다.

OKR을 제안한 사람은 넷스케이프, 구글, 아마존 등을 발굴한 벤처 캐피털리스트 존 도어John Doerr 다. 그는 "기업의 모든 멤버가 자신의 목표를 회사의 목표와 연결하게 하고, 자신의 일이 회사의 성공과 직접적으로 관계가 있음을 알게 해야 한다"라고 했다.

또 그는 풋볼 게임에서 이기는 것에 비유해 OKR의 개념을 설명했다. 예를 들어 자신이 구단 총괄 관리자이며 구단주가 더 많은 이익을 얻도록 돕는 것을 목표라고 가정하자. 그러면 핵심 과제로 첫째는 슈퍼볼에서 우승하는 것, 둘째는 관중석의 88%를 채우는 것으로 정할 수 있다. 그리고 슈퍼볼에서 우승하는 것은 책임 코치의 목표로 설정하고, 관중석의 88% 채우기는 홍보 담당 책임자의 목표로 둔다. 이에 따라 책임 코치는 슈퍼볼 우승의 목표를 달성하기 위해 200야드 패스 공격, 방어율 3위 유지, 펀트 리턴 평균 25야드 등의 핵심 결과를 정하고, 이를 실행할 인물을 각각 선정한다.

한편 홍보 책임자는 관중석을 88% 이상 채우기 위해 독특한 선수 3명을 채용하고, 월요일에는 야간 경기를 개최하며, 핵심 선수를 돋보이게 함으로써 목표를 달성하려고 노력한다.

그리고 역시 이 각각의 핵심 결과를 목표로 선정한다. 이 모든 내용을 대시보드화해 실시간으로 점검한 후 다음 단계로 나아갈 수 있게 하는 것이다.

여기서 중요한 것은 목표가 톱다운 형태라 하더라도 부서원과 그들의 목표를 달성할 수 있도록 하는 핵심 과제를 해당 구성원과 함께 정해야 원활하게 실행할 수 있다는 사실이다.

소셜 테크놀로지

소셜 테크놀로지는 조직 내부 구성원들이 업무를 효율적으로 수행하기 위해 다양한 사람들과 교류하는 데 사용하는 기술이다. 소셜 테크놀로지의 목적은 크게 세 가지다. 첫째, 정보를 투명하게 공유하기 위함이다. 둘째, 조직 내부와 외부를 긴밀하게 연결하기 위함이다. 셋째, 의사 결정을 신속히 내리기 위함이다. 소셜 테크놀로지를 활용하면 기업은 아이디어를 신속하게 수용하고 실행하는 '제로 지연 기업'이 되어 발 빠르게 변화에 대응할 수 있다.

그럼 어떤 소셜 테크놀로지를 어느 상황에 활용할 수 있을까? 누구든 언제 어디서나 활용할 수 있는 다양한 오픈 소스 프로그램이 있다. 예를 들면 구글 드라이브나 에버노트는 자료를 정리하고 전달하는 데 활용할 수 있다. 드롭박스는 모든 장치에서 안전하게 데이터를 동기화하고 대용량 파일을 누구에게든 쉽게 보낼 수 있어 스카이프, 카카오, 원드라이브 등과 함께 전자 회의 도구로 활용할 수 있다.

또 실리콘밸리의 스타트업에서 활용하는 슬랙Slack이나 우리나라에서 개발한 업무용 메신저 잔디는 손쉬운 소통, 편리한 자료 전달과 탐색 등이 가능한 훌륭한 툴tool이다. 화상 미팅, 투표 기능, 업무 진행 보고를 편리하게 할 수 있고, 링크만 입력해도 저장과 공유가 가능한 간편 파일 저장 기능을 지원한다. 또 메일, 뉴스, 스케줄 앱이 다른 앱과 연동되어 있으며 대화 내용, 참여자, 파일 검색이 가능하도록 기능이 통합되어 있다. 현재 사용하고 있는 내부 그룹웨어와 비교해 어떤 기능을 보완할지도 살펴보는 것도 좋은 아이디어가 될 수 있다.

지금까지 네 가지 디지털 기술인 알고리즘, 인터페이스, 대시보드, 소셜 테크놀로지에 대해 살펴보았다. 이 네 가지 디지털 기술을 적절하게 활용하면 고객 경험을 강화하고 확장해 고객에게 새로운 가치를 부여할 수 있다. 또 내부 운영 프로세스를 혁신해 비용을 절감하는 것은 물론, 업무 최적화도 달성할 수 있다. 그러면 이 디지털 기술들을 활용해 어떤 식으로 새로운 가치를 창출하고 있는지 사례를 보자.

진실의 순간, 15초에서 7초로

스타벅스를 비롯해 미국의 주문형 인터넷 엔터테인먼트 서비스 기업인 넷플릭스, 영국에 본사를 둔 개인 간 해외 송금업체 트랜스퍼와이즈가 성공적으로 고객 경험을 확장하고 있다.

먼저 넷플릭스는 시네매치cinematch라는 알고리즘을 통해 방대한 콘텐츠 중 고객이 원하는 것을 골라 추천해준다. 과거 시청 이력, 취향이 비슷한 고객군의 성향을 바탕으로 시청을 중단한 사유를 예측하고 날씨와 계절, 시기적 이슈를 반영해 개인 맞춤형 페이지를 만든다.

또 넷플릭스는 가입자가 좋아할 만한 영화나 드라마를 골라 제안하는 것뿐 아니라 직접 제작도 한다. 데이터를 분석해 트렌드에 맞는 스토리와 믿을 수 있는 배우, 그리고 뛰어난 연출자를 동원해 독점 콘텐츠를 만든다.

트랜스퍼와이즈는 해외로 송금하고자 하는 사람들을 국가별로 연결해 송금 수수료는 물론 환율 차이에 따른 리스크를 줄였다. 군더더기 없이 직관적인 인터페이스, 별도의 애플 설치 없이 페이스북 메신저와 챗봇을 활용하게 함으로써 간편한 송금 서비스를 제공하고 있다. 피터 틸, 앤드리슨 호로위츠 등 유명 벤처 캐피탈리스트뿐 아니라 버진 그룹 회장 리처드 브랜슨의 투자도 받았다. 2015년에는 CNBC의 '파괴적인 혁신 기업 50'에서 8위에 선정되었고 세계경제포럼에서 기술 선도 기업으로 선정된 바 있다.

스타벅스는 디지털 기술을 통해 연결 경험을 매끄럽게 만드는 '스타벅스 옴니채널', 미리 주문할 수 있는 '사이렌 오더', 말로 커피를 주문하는 '마이 바리스타' 등을 운영한다. 최근에는 주문을 기억해 고객이 좋아할 만한 메뉴를 추천할 뿐 아니라, 고객의 취향에 따라 복잡한 토핑까지 주문에 반영한다. 그런 다음 최종 가격과 음료 완성 시간을 고객에게 알려준다. 원하면 시간에 맞춰 픽업할 수 있는 다른 매장을 알려주기도 한다.

이 모두가 축적된 고객 데이터를 바탕으로 맞춤형 서비스를 실시간 제공하는 엔진이 된다. 디지털 기술을 활용해 물리적 경험을 디지털 경험으로 매끄럽게 연결하는 것이다.

사실 스타벅스는 세계를 휩쓸며 승승장구하다가 2008년

예기치 못한 어려움을 겪었다. 이에 따라 경영 일선에서 물러나 이사회 의장직만 수행하던 창업자 하워드 슐츠Howard Schultz는 CEO로 복귀할 당시 상황을 점검했다. 그 결과 고객에게 특별한 경험을 제공하는 과정에 문제가 생겼음을 깨달았다.

그는 "우리가 성장에만 집착하는 동안 세상과 소비자는 변했다. 정보가 흐르는 방식에 상전벽해 같은 거대한 변화가 일어났다. 따라서 디지털 혁신을 통해 소비자에게 새로운 경험을 되찾아줘야 한다."라고 하며, 실제로 디지털 기술을 활용해 고객에게 새로운 경험을 제공함으로써 스타벅스가 과거의 영광을 되찾도록 했다.

고객에게 어떤 감동을 주고 싶은지 최대한 많은 시간을 들여 생각해야 한다. 그래야만 적절한 알고리즘을 활용하고 간결하고 편리한 인터페이스를 제공할 수 있다. 기업이 고객과 만나는 진실의 순간이 예전에는 15초였다면 이제는 7초로 훨씬 빨라졌다. 이런 상황에서 디지털 기술이 진실의 순간을 보다 가치있게 만들어줄 수 있다.

외부 자원
똑똑하게
활용하기

　　　　　　　　다른 산업에서 활동하던 기업
은 물론이고, 한두 사람이 아이디어만으로 외부 자원을 활용
해 새로운 경쟁자가 되는 것은 이제 드문 일이 아니다. 또 권
력이 공급자에서 소비자에게 옮겨 가고, 지적 자본과 브랜드
만으로는 더 이상 고객을 만족시킬 수 없다는 것도 자명한 사
실이다. 스마트폰에 중독된 포노 사피엔스의 요구는 날이 갈
수록 더욱 까다로워져 만족시키기가 쉽지 않다.

　　따라서 다양한 고객의 요구에 부응하려면 보유하고 있는

자원은 물론 내부 아이디어만으로는 부족하다. 가능한 외부 자원을 충분히 동원하고 외부 아이디어를 적극 활용하는 혁신이 필요하다.

주문형 직원 : '헤쳐 모여'가 더 높은 가치를 만든다

먼저 수요에 따라 그때그때 외부 전문가를 활용하는 시스템이 필요하다. 지식이 반감되는 기간이 30년에서 5년까지 줄어들었다. 급변하는 세상에서 속도, 기능, 유연성을 갖추기 위해 최고의 역량을 갖춘 사람을 모두 내부에 두기는 쉽지 않은 일이다.

외부 인력을 활용하는 것은 아직 우리나라에서는 노동 유연성이 떨어져 활발하지 않지만 서구, 특히 미국에서는 활성화되어 있다. 기업이 국경 없는 시장에 노출되는 지금, 국내 여건만 내세워서는 안 된다.

미국의 대표적인 플랫폼 제공 기업 긱워크Gigwalk는 약 50만

명의 프리랜스 인력을 보유하고 있다. 긱워크 외에도 프리랜서닷컴, 오데스크, 롬러 등 다양한 기업이 있다. 우버의 통계를 보면 전체 기사의 52%가 파트타이머며. 차를 운행하지 않는 시간을 활용해 부가 수입을 올릴 기회를 제공하며, 서비스를 원하는 이들에게 연결하는 역할만으로 우버는 시장 가치 70조 원을 기록하고 있다.

임차 자산 : 내 것이
아니지만 내 것 같은

임차 자산이란 물적인 자원이나 시설을 소유하지 않고 빌려 사용하는 것을 말한다. 최근 테크숍은 물론 고객을 위한 디자인부터 제조까지, 역량 있는 인재와 제조 시설을 보유하는 혁신 센터를 운영하는 곳이 제법 생겨나고 있다. 미국 최고의 OEM 전자 제품 생산 기업인 자빌Jabil에서는 실리콘밸리에 자사가 운영하는 혁신 센터 블루 스카이를 운영하고 있다. 이곳에서는 디지털 제조 설비, IoT 솔루션, 스마트 패키징 솔루션을 모두 경험할 수 있다.

공유 사무실 개념의 위워크WeWork처럼 필요할 때 필요한 만큼만 활용할 수 있는 사무실이 속속 등장하고 있다. 우리나라에도 자체 브랜드로 스파크 플러스라는 곳이 있다. 스타트업의 경우 대부분 초기에는 이런 공유 사무실을 활용한다. 대기업인 GE도 혁신 스타트업인 로컬 모터스의 마이크로 팩토리를 활용해 협업하고 있다. 2007년에 설립된 로컬 모터스는 새로운 자동차 모형을 만드는 데 3D 프린터를 활용해 세상을 놀라게 한 기업으로, 약 100명의 직원을 두고 있다.

사실 우리는 이미 외부 자산과 외부인을 100% 활용해 놀라울 만큼 큰 가치를 창출한 기업을 이미 알고 있다. 바로 우버와 에어비앤비다. 우버는 다른 사람의 자동차를 또 다른 사람이 운전하게 한다. 에어비앤비는 어떤가? 세계에서 예약률이 가장 높은 메리어트 호텔 체인은 100여 개 나라에서 5,700개의 호텔을 운영하고 있다. 반면 모두 알다시피 에어비앤비는 그 어떠한 건물도 가지고 있지 않다. 그럼에도 다른 사람의 집을 내 것처럼 활용할 수 있어 기존 숙박업소와는 전혀 다른 경험을 하게 해준다.

이들의 본질은 활용하지 않는 자산을 최대한 활용하는 플랫폼을 구축하는 것이다. 인스타그램과 페이스북도 알고 보면 고객의 콘텐츠로 비즈니스를 한다. 그들은 그저 놀이터를 만들어놓을 뿐, 전통적인 비즈니스 모델에서 직원들이 할 일을 외부인들이 맡아서 하고 있다.

참여를 부르는 커뮤니티와 크라우드

필요한 인재를 일시적으로 활용하는 것이 아니라 대규모 외부인을 지속적으로 활용할 수 있도록 하는 것이 커뮤니티다. 더불어 필요에 따라 불특정 다수의 대중을 참여하도록 만드는 것이 크라우드다. 관심사가 같은 사람들을 크라우드로 확인하고, 이들과 커뮤니티를 구성해 지속적으로 아이디어를 얻고 검증하자. 또 인적자원뿐만 아니라 자금도 크라우드를 활용해 끌어들여 보자. 자금 모집은 물론이고 새로운 제품과 서비스 홍보에도 도움이 될 것이다. 크라우드 소싱과 크라우드 펀딩은 이제 낯설지 않은 단어가 되어가고 있다.

DIY 드론즈는 아마추어 드론 제작 커뮤니티로, 회원 수가

8만 5,000명이다. 회원들은 커뮤니티를 통해 설계 아이디어를 공유하고 드론 제작 키트를 제공한다. 커뮤니티 멤버들이 만든 드론은 군용 프레데터 드론과 성능에서 2%밖에 차이 나지 않는데, 개발비는 3,000달러밖에 들지 않았다. 군용 드론의 1/1300에 불과한 금액이다.

세계 백색가전 시장 점유율 1위인 하이얼은 급변하는 소비자의 요구에 대응하기 위해 'HOPEHaier Open Partnership Ecosystem'라는 제도를 만들고 커뮤니티 아이디어와 외부 역량으로 히트 상품을 생산했다. 하이얼이 외부 자원에 주목하게 된 이유는 가전제품의 수명이 점점 짧아지는 상황에서 고객의 니즈를 제대로 파악하고 반영하기 위함이었다.

이제 고객들은 제조업체에도 서비스를 요구한다. 또 기기와 서비스는 다양한 채널로 연결되며 이와 함께 경쟁이 심화되고 있다. 이에 대응하기 위해서는 속도만으로는 경쟁력을 확보할 수 없고, 시장이 어떻게 변화할지 예측해야 한다. 시장의 변화와 고객의 숨은 요구를 포착하고 이에 신속하고 창의적으로 대응할 뿐 아니라, 고객과 함께 제품 또는 서비스를 기획하는 것이다.

더불어 하이얼은 온·오프라인 채널을 활용해 자원을 탐색하고 스피드와 정확성을 향상시키기 위해 대중을 상대로 크라우드 소싱을 진행했다. 고객 커뮤니티를 만들어 활용하고 이를 바탕으로 신제품을 기획하고 생산했다. 2014년 10월에 출시한 스마트 냉동 부엌 환풍기가 바로 이 과정을 통해 생산된 제품이다. 같은 해 6월, 여름에 부엌에서 요리하는 것은 고문이라는 글이 커뮤니티에 올라오자, 이에 동조하는 사람들이 늘어나 28만 7,000여 명이 공감을 표현했다.

결국 이 문제를 해결해달라는 요청과 함께 8월에는 관련 기술에 대한 요구가 따랐고, 9월에는 외부에 있는 7개의 R&D 자원 중 2개를 선정했다. 그리고 마침내 처음 요청이 제기된 지 4개월 만인 10월에 제품이 출시됐다.

GE는 신개발 프로세스인 공동 창작 커뮤니티 '퍼스트빌드FirstBuild'를 설치해 제품 출시 방식을 변화시키고 있다. 제품 기획부터 시작해 소비자의 삶을 개선하는 더 나은 제품을 신속하게 제작하기 위해서다. 이를 위해 다양한 외부인이 참여하도록 했다. 아이디어 공모, 구체화, 추천, 콘셉팅, 시장성 평가 등 제품화 과정에 외부 디자이너와 엔지니어는 물론이고 일반인도 참여한다. 시제품은 앞에서 잠시 소개한 바와 같이 로컬 모터스의 마이크로 팩토리 시스템을 도입해 제작하고 있다.

문화적 측면의 변화

변화하는 환경에 기민하게 대응하려면 기업 문화가 달라져야 한다. 자본 집약 시대에는 규모를 키우면 불확실성을 줄일 수 있었다. 코닥, 노키아, 제너럴 모터스는 각자의 분야에서 단순히 시장점유율이 높은 기업이 아니라 해당 분야에서 업을 만든 기업이었다. 그런데 이들은 역사의 뒤안길로 사라졌거나 간신히 버티고 있다. 전통적인 방식으로 불확실성을 다루다 보니 문제가 생긴 것이다.

규모가 크면 위험에 노출될 확률이 그만큼 높아진다. 위험에 노출되어 도태되지 않으려면 성장 속도를 높이는 물론, 기민해져야 한다. 특히 새롭게 창업하는 기업과 달리 기존 기업은 성공 공식을 만든 문화를 변화시켜야 하는데, 기존 기업의 민첩성을 높이기 위해서는 다음 세 가지 요소에 관심을 가져야 한다.

자율 : 권한이 없으면 혁신도 없다

자율이란 다기능 팀이 중앙 조직에서 권한을 나눠 받아 스스로 계획을 세우고 활동하는 것을 말한다. 이는 혁신의 전제 조건이기도 하다.

자율이 중요한 첫 번째 이유는 의사 결정과 행동 속도를 높일 수 있기 때문이다. 현장 직원에게 책임과 권한을 주어 현장 문제를 바로 해결할 수 있도록 하는 리츠칼튼 호텔의 사례가 여기에 해당한다.

둘째는 직원의 책임감이 커진다는 것이다. 자율은 직원들의 내재적 동기를 자극함으로써 사기와 성과를 높인다. 팀 단위로 자율권을 보장받아 직원 선발부터 아이템 선정까지 현장에서 권한을 행사하는 유기농 식품 유통 체인 홀푸드Whole Foods Market는 높은 가치를 인정받아 아마존에 인수됐다.

네덜란드의 글로벌 금융 기업 ING은행은 자율성을 강조하기 위해 프로젝트 기반으로 모이고 흩어지는 '애자일agile 조직'을 채택했다. ING가 애자일 조직으로 변화하게 된 배경에는 세 가지 이유가 있었다. 첫째, 디지털 변혁을 이루기 위해 고객의 요구에 신속하게 대응해야 했기 때문이다. 둘째, 조직 내 협업을 가로막는 부서 간 장벽과 관료주의를 제거해 효율성과 효과성을 높여야 했기 때문이다. 마지막으로 디지털 분야 인재를 유치하기에 유리한 은행으로 면모를 갖추고자 하는 목적이 있었다.

이런 이유에서 기존의 기능적이고 위계적인 조직을 유연한 스쿼드squad 조직으로 개편했다. 구성원은 일차적으로 기능을 수행하는 스쿼드에 소속되고, 여러 개의 스쿼드는 트라이브tribe라는 조직으로 묶이며, 각각의 스쿼드에서 같은 업무를 하는 사람들은 챕터chapter에 소속된다. 트라이브 리더뿐 아니라 변화에 유연하게 대처하기 위해 애자일 코치를 두어 조직 전체가 기민하게 움직이도록 자문해주는 역할이다.

하이얼은 2010년 경쟁이 점점 심화되는 것을 감지하고, 이에 대한 대응책으로 제조 중심에서 서비스 중심으로 변화를 모색했다. 8만 명인 전체 직원을 2,000개 팀으로 분리해 자주 경영체ZiZhuJingYingTi를 도입했다. 또 자율적으로 고객 요구를 발굴하고 사업을 기획하는 핵심 자주 경영체를 구축했다. 그리고 구매와 생산 등을 통해 1차 자주 경영체를 지원하는 플랫폼 역할을 할 2차 자주 경영체를 두었다.

또 회사 전체의 전략과 관리를 담당하되, 2차 자주 경영체를 지원하고 1차 자주 경영체를 위한 리소스를 배분하는 3차 자주 경영체로 구성했다.

각 자주 경영체는 5~10명으로 구성하되, 벤처 인큐베이터

같은 자율적인 조직 운영 방식을 도입했다. 모든 사람이 팀장 공개 채용에도 도전할 수 있도록 했다. 필요한 예산을 지원하고, 사업 성과에 따른 책임과 보상을 부여하며, 별도 회사로 분할하는 것도 가능하도록 했다.

이때 운영은 자율적으로 진행하지만 구성과 해체는 시장 여건과 팀 성과에 따라 결정된다. 자율은 결국 조직이 민첩하게 움직일 수 있는 단위로 구성하고, 구성 조직에 권한과 책임을 과감하게 이양해 고객의 요구와 시장 상황에 발 빠르게 대응하자는 것이다.

참여는 새로운 해결책을 마련해준다

훌륭한 전략도 직원들이 수동적으로 실행하면 성공하기 쉽지 않다. 반면 전 직원이 참여하면 조직과 조직이 연결되고 열린 대화가 가능해져 새로운 해결책을 마련할 수 있다. 디지털 기술을 통해 전 직원을 연결하고, 새로운 비전과 목적에 대한 생각을 공유하며, 직원들이 자유롭게 참여할 수 있는 워크숍과 경진 대회를 개최하는 것도 하나의 방법이다.

2010년 페르노리카는 디지털 기술에 익숙해지는 고객과

소통하기 위한 대책을 세웠다. 우선 150명의 고위 임원 모두
가 소셜 테크놀로지 툴 활용법을 교육받도록 했다. 그리고 모
범 사례를 공유하고 다른 사용자에게 전도할 전사 챔피언을
양성했다. 이번에는 페르노리카 교육 센터에 디지털 기술을
배울 수 있는 커리큘럼을 두고 전 직원을 교육했다. 고위 임원
부터 사원까지 방법론을 교육하고 실천하도록 했다.

한편 2010년 10월, 소프트뱅크는 창립 30주년을 맞아 '정
보 혁명으로 사람을 행복하게'라는 비전을 발표했다. 그해 6
월, 손정의 회장은 온라인과 오프라인을 통해 전 직원이 참여
한 가운데 '소프트뱅크 신新 30년 비전 선포식'을 가졌다. 선
포 1년 전인 2009년 6월부터 전 직원 2만여 명이 참여했다.
각 계열사 인재가 모여 만든 비전 제작 위원회는 구성원의 의
견을 듣고 비전을 만들며 이를 공유하는 작업을 1년 가까이
진행했다.

비전에 담긴 '행복'이란 단어는 구성원들과 나누는 끊임없
는 소통에서 탄생한 것이다. 1년 동안 전 직원은 조직의 비전
에 맞게 자신의 비전을 만들었고, 각 그룹의 리더는 자신이 이
끄는 조직의 비전을 발표하는 경연 대회를 열었다. 비전 선포
식에서는 무엇을 위해 사업을 하는지, 30년 후 사람들은 어떤

생활을 하고 소프트뱅크는 어디에 주력할 것인지, 소프트뱅크의 비전을 실현하기 위해 어떤 전략이 요구되는지 등에 대한 의견을 나눴다.

필터를 갈아 끼울 필요가 없는 청소기와 날개 없는 선풍기로 유명한 영국의 가전업체 다이슨Dyson은 '다이슨의 도전Challenge Dyson'이라는 제도를 시행한다. 이를 통해 디자이너와 엔지니어를 구분하지 않고 모든 직원이 참여해 새로운 가능성을 실험한다. 2013년에는 공으로 '무엇이든 만들어보세요'를 실시했는데 2014년에는 풍선, 2015년에는 카드 보드로 재료를 바꾸며 계속했다. 2016년에는 전통적인 개념에서 벗어난 크리스마스트리가 과제였다. 일상 업무 이외의 디자인에 도전함으로써 상상력의 범위를 확장하고, 불가능함을 극복하도록 격려하는 방법이었던 셈이다.

실험 문화의 신속함과 관대함이 혁신을 낳는다

마지막으로 빠른 실험을 통해 학습하고 혁신해야 한다. 실험이란 리스크를 관리하며 가설을 검증하고 끊임없이 실험하는 린 스타트업lean start-up 방법론이라 하겠다. 린 스타트업이란 일단 떠오른 아이디어를 갖고 빠른 속도로 시제품을 만들은 뒤, 시장 반응을 통해 개선해나가는 것을 말한다. 이는 실리콘밸리의 벤처 기업가 에릭 리스Eric Ries가 개발한 개념이다.

그렇다면 이런 실험을 하는 이유는 무엇일까? 실험을 활용하면 경쟁사보다 제품을 빨리 개발할 수 있고, 사업 리스크에 따른 손실을 최소화할 수 있으며, 창의적인 아이디어를 낼 기회를 얻을 수 있다. 급변하는 상황에서는 정해진 답이 없다. 재빠른 실험을 통해 답을 찾아야 한다. 새로운 시도는 실패할 수밖에 없다. 실패를 용납하는 문화를 만들어야 부담 없이 새로운 것을 시도하고 훌륭한 제품과 서비스를 만들어낼 수 있다.

아마존은 성공보다 실패가 많았다. 아마존이 참담하게 실패한 프로젝트를 보자. 2014년 출시한 파이어폰은 높은 가격과 낯선 운영체제로 소비자에게 외면당했고, 미국 IT업계에서 최악의 실패작으로 손꼽힌다. 이보다 더 전인 2007년 출시한 모바일 송금 서비스 아마존 웹페이는 당시 스마트폰이 많이 보급되지 않아 수요가 없었던 탓에 실패했다.

그뿐만이 아니다. 아마존은 지역 호텔 예약 서비스도 제공한 적이 있다. 2015년 출시한 아마존 데스티네이션은 에어비앤비 등 경쟁사에 밀려 6개월 만에 서비스를 중단했다. 이외에도 모바일 결제 앱인 아마존 월릿, 지식 검색 서비스인 아마존 애스크빌, 신발과 액세서리 패션 몰인 앤들리스닷컴, 동영상을 다운로드하고 스트리밍하는 아마존 언박스, 음악 서비스인 아마존 뮤직임포터, 경매 사이트인 아마존 옥션 등 아마존도 알고 보면 다양한 사업 분야에서 수많은 실패를 경험했다.

그런데 이런저런 실패에서 얻은 교훈을 활용해 인공지능 플랫폼인 알렉사와 스마트 스피커 에코를 탄생시켰고, 이는 스마트폰 앱 시장뿐 아니라 다양한 부문에서 활용되고 있다. 스마트폰 시장을 공략하기 위해 전용 디바이스를 만들 것이 아니라, 어느 디바이스에서든 잘 돌아가는 앱을 만들자는 교훈을 얻은 것이다.

이렇게 실패를 성공으로 만든 아마존의 비결은 무엇일까? 바로 실패를 장려하는 CEO, 제프 베이조스의 리더십이다. 도전하다가 실패하는 것을 당연한 것으로 생각하는 점 덕분에 아마존이 실패를 끌어안는 기업으로 자리매김했다. 그는 성공을 목표로 하면 거기서 멈추지만, 실패를 목표로 하면 끊임없는 혁신과 변혁이 가능하다고 봤다. 덕분에 아마존에는 실패를 목표로 하는 실험 문화가 형성되었다. 제프 베이조스는 2016년 주주들에게 보내는 연례 서한에 다음과 같이 썼다.

"실패와 혁신은 쌍둥이입니다. 이것이 우리가 1,000억 달러의 매출을 내면서도 끊임없이 실패에 도전하는 이유입니다. 그래서 나는 아마존을 가장 성공한 회사보다도 가장 편하게 실패할 수 있는 회사로 만들고자 합니다."

지금까지 기하급수 기업이 일하는 방식을 기존 기업에서 활용하는 법을 알아보았다. 다양한 디지털 기술을 활용해 고객 경험을 확장하며, 제조와 운영 프로세스를 혁신해 효율성을 높일 때 비즈니스 모델까지 혁신할 수 있다. 이를 위해서는 내부 자원만 활용할 것이 아니라 외부 인재와 자산을 활용해야 한다. 또 회사에 관심을 갖는 사람들과 커뮤니티를 만들어 고객의 진정한 요구를 인식하고, 더 나아가 대중의 지혜와 자원을 활용해 활동 범위를 확장해야 한다.

이 두 분야를 제대로 접목하기 위해서는 조직 문화 역시 혁신할 필요가 있다. 전 직원이 참여하되 자율적으로 활동할 수 있도록 하고, 작은 아이디어도 재빨리 실험해 시장의 피드백과 교훈을 반영한 후 더 나은 제품과 서비스로 발전해나가야 한다. 더불어 그 어느 때보다도 민첩하게 움직이는 조직으로 거듭나야 한다.

ING은행에서 일하는 방식의 변화를 진두지휘한 바트 슐라트만Bart Schlatmann의 말을 기억하자.

"기민한 혁신에서 중요한 점은 한뜻으로 뭉친 경영진, 타 업계 조직에서도 배우려는 적극적인 자세와 변화를 수용하려는 의지다. 우리는 은행이 기술 회사가 되어간다는 사실을 깨달았으며, 기민함은 모두가 사는 길이라고 믿는다."

PART 3

대기업,
기하급수 기업으로
탈바꿈하라

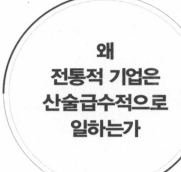

왜
전통적 기업은
산술급수적으로
일하는가

이리듐 모멘트 :
모토로라는 무엇을
간과했나

모토로라는 1990년대 말 '이리
듐'이라는 자회사를 설립했다. 지구 저궤도에 77개의 인공위
성을 띄워 세계 어디서든 단일 가격으로 이동전화 서비스를
제공하겠다는 계획이었다. 당시만 해도 이동통신 기지국 건설

에는 많은 비용이 소요되었다. 모토로라는 전 세계를 커버하는 이동통신 서비스를 제공하기 위해 50억 달러를 투자했다. 100만 명이 위성 전화기 한 대에 3,000달러씩 내고 추가로 분당 5달러의 이용료를 낸다면 이리듐은 빠른 시일 내에 수익을 낼 것이라는 예측을 기반으로 한 투자였다.

그러나 이후 기지국 설치비가 저렴해지고 네트워크 속도가 차츰 개선되면서 위성 이동전화의 경쟁력은 급격히 떨어졌다. 이리듐 프로젝트는 기술 혁신의 가장 드라마틱한 희생양으로 회자된다. 이리듐이 실패한 데는 여러 이유가 있지만, 가장 큰 실패 원인은 기하급수적으로 변하는 기술의 발전을 모토로라가 산술급수적 시각으로 외면한 것이라고 할 수 있다.

기하급수적 변화의 시대에 기하급수 기업으로 변신하는 것은 선택의 문제가 아니라 생존의 문제라고 할 수 있다. 그런데 대기업이 기하급수 기업으로 변신하는 것은 그야말로 낙타가 바늘구멍을 통과하는 것보다 어렵다고 한다. 왜 그럴까?

가장 큰 이유는 시선의 차이다. 기하급수적 변화를 비롯해 모든 기회와 위협은 외부에 있는데, 기본적으로 대기업의 관심과 초점은 내부를 향하기 때문이다. 대기업은 내부에 충분한 자원이 있다고 생각한다. 내부 사다리를 잘 타고 올라가기만 해도 충분한 보상이 주어진다고 여긴다. 그러다 보니 외부와 협업하는 대신 내부 조직 논리 중심으로 반응하고 행동한다. 설령 외부의 혁신 기술에 관심을 갖더라도 자신들과 직접 연관된 기술에만 국한된다.

물론 과거에는 이러한 행태를 고집해도 큰 문제가 없었다. 모토로라만 하더라도 2011년까지 생존했다. 하지만 이제는 변해야 한다. 세계 500대 기업의 평균수명은 1950년대엔 45년이었지만, 2016년 기준 15년으로 크게 줄어들었다. 뿐만 아니라《포천》500대 기업이 시가총액 10억 달러에 도달하는 시간이 평균 20년 걸렸다면, 스타트업의 경우 평균 6년이 걸린다. 우버 같은 23개 유니콘 기업은 그 기간이 2년밖에 걸리지 않을 정도로 폭발적 성장의 기회도 크게 늘어났다. 바야흐로 기하급수적 변화의 시기인 것이다.

변화의 핵심, 일하는 방법에 있다

대기업이 변신하기
위해 필요한 두 가지
관점

'문제는 경제야, 바보야!It's The
Economy, Stupid!'는 1992년 미국 대통령 선거에서 민주당 후보
빌 클린턴이 내세웠던 슬로건이다. '촌뜨기'라고 불리던 젊은
아칸소 주지사 클린턴과 현직 대통령 조지 부시의 레이스를

보며 이미 승부는 결정났다고 보는 시각이 많았지만, 클린턴은 국민들이 가장 걱정하는 문제를 파고들며 판세를 뒤집었다. 요즘도 이 표현은 가장 시급한 문제가 무엇인지 모르고 겉도는 상황에서 문제를 콕 짚어 공격하고자 할 때 사용된다.

4차 산업혁명에서 가장 중요한 것은 '일하는 방법'의 개선이다. 그런데 많은 기업과 경영진이 이 문제는 놓아둔 채 기술을 도입하고 전문가를 영입하는 일에 시간과 자원을 낭비하고 있다. 일하는 방법을 개선하지 않으면 아무리 뛰어난 전문가와 최신 기술을 도입한다 해도 변화와 변신에 성공할 수 없다.

사실 방법의 변화는 기술 도입보다 훨씬 어려운 일이다. 익숙한 습관과 결별해야 하기 때문이다. 일하는 방법을 변화시키는 주체는 다른 누구도 아닌 '나'이기 때문에 훨씬 더 어렵다.

남을 바꾸고 세상을 바꾸고 천하를 바꾸는 것은, 자신을 바꾸는 것에 비하면 쉬운 일이다. 나를 바꾸려면 습관을 바꾸고, 습관을 바꾸려면 행동을 바꾸고, 행동을 바꾸려면 생각을 바꾸라는 말이 있다. 내가 일하는 방법을 바꾸기 위해서는 먼저 내 생각을 바꾸어야 한다. 그러기 위해서는 두 가지 새로운 관점이 필요하다.

경쟁사보다 빠르게? 이제 아무런 의미가 없다

첫 번째 생각의 변화는 기존 생각의 틀과 패러다임으로는 안 된다는 자각이다. 4차 산업혁명은 융합의 혁명이고 기하급수적 변화를 불러일으킨다. 그래서 기하급수적 성장의 기회가 열려 있다. 이걸 잡으려면 지금 당장 대응하고 준비해야 한다. 여러 기업 경영진을 만나 이런 이야기를 나눠보면, 업종과 기업의 경영 환경, 그리고 경영진의 준비 여부에 따라 반응이 제각각이다.

그럼에도 공통적인 한 가지 질문과 우려가 있다. 바로 '변화 속도'다. '얼마나 빨리 움직여야 하는가', '기존 사업과의 밸런스를 어떻게 유지해야 하는가' 등 CEO가 갖는 너무나 당연한 우려이고 질문이다. 물론 CEO이고 의사 결정권자라면 '당위성'보다는 현실의 '실행'을 염두에 둘 수밖에 없다. 지금까지 기업을 이끌어온 CEO의 경험과 동물적 직감이 '반 발짝'만 앞서야 성공할 수 있다는 사실을 아는 것이다. 그렇다면 이렇게 되물을 수 있다.

"그러면 과연 '누구'보다 반 발짝 앞서 움직이길 원하는 것입니까? 또 '어떻게' 반 발짝만 앞설 것이고, 그것은 얼마나 지속될 수 있다고 생각하십니까?"

많은 CEO가 경쟁사보다 반 발짝 앞서기를 원한다. 그러면 과연 경쟁사보다 앞선 그 반 발짝이 어떤 의미가 있을까. 코닥으로 대변되던 필름 시장이 무너졌을 때, 분명 코닥은 그 시장에서 경쟁사보다 반 발짝 앞에 있었다. 하지만 아날로그 필름 산업과 시장 자체가 무너질 때 그 시장과 산업에서 경쟁사보다 반 발짝 앞선다는 것은 별다른 의미가 없다. 글로벌 호텔 체인 힐턴이 숙박 공유 플랫폼 에어비앤비를 보며 자신의 경쟁자가 될 것이라고 예측했을까?

스마트폰 시장의 팽창으로 아날로그 카메라 시장과 캠코더 시장이 사라지는 것도 마찬가지다. 산업 자체의 붕괴가 일상화될 4차 산업혁명 시대에 '경쟁사보다 빠르게'라는 관점은 큰 의미가 없다. 융합 혁명으로 산업 간, 시장 간 경쟁의 경계가 희미해지고 무너지고 있는 상황에서, 경쟁자가 언제 어디에서 튀어나올지 모른다. 경쟁은 어디에도 없거나 동시에 어디에나 있기 때문이다.

많이 시도하고 자주 실패하라

4차 산업혁명 시대의 가장 큰 특징은 기하급수적 변화일 것이라고 전문가들은 이야기한다. 산술급수적 변화가 1, 2, 3, 4처럼 단계적이고 점증적인 변화라면 기하급수적 변화는 2, 4, 8, 16처럼 매번 2배씩 뛰는 변화를 의미한다. 반 발짝은 1.5, 2.5 같은 산술급수적 체계 내 경쟁 우위의 변화 개념이다. 다음 걸음이 2에서 4로, 8로 가는 기하급수적 변화의 체계에서, 반 발짝은 존재하지도 않고 지속 가능성 측면에서 의미도 없다.

4차 산업혁명을 기술이 놀랄 정도로 폭넓고 빠르게 발전하는 현상으로 생각하는 사람이 많다. 그러나 그건 반쪽만 보는 것이다. 4차 산업혁명의 다른 반쪽은 기업의 '일하는 방법'을 획기적으로 바꾸는 것이다. 일하는 방법을 어떻게 바꿔야 할까?

먼저 결재판부터 쓰레기통에 던져버리라고 경영 구루들은 충고한다. 결재판의 존재 이유는 무엇인가? 실패했을 때 누구에게 책임을 물어야 할지를 정해놓기 위해서다. 3차 산업혁명까지는 그런 식으로 일해야 했다.

그러나 만일 어떤 기업이 실패를 두려워하기는커녕 도리어 장려한다고 생각해보자. 그러면 제일 먼저 없어질 것이 바로 결재판이다. 실제로 4차 산업혁명의 선두에 서 있는 기업들은 결재판이 없다는 공통점이 있다. 그 이유는 '실패'를 장려하기 위해서다.

앞서 말했지만 대표적인 기업이 아마존이다. 아마존의 거대하고 화려한 성공 뒤에는 셀 수 없을 만큼 수많은 실패가 있었다. 예를 들어 파이어폰, 아마존 월렛 같은 것이다. CEO인 베이조스는 실패를 적극적으로 장려해왔다. 우리가 선망하는 4차 산업혁명의 총아인 구글, 우버, 에어비앤비 등도 크게 다르지 않다. 그들은 성공하는 것보다 '많이 시도하고 자주 실패하는' 데 주력한다. 그것만이 제대로 성공으로 향하는 길이라고 믿는다.

이뿐만이 아니다. 이들은 즉각 결정하고 즉각 실행한다. 이를 위해 끊임없이, 거의 광적으로 소통한다. 온갖 형태의 사내 커뮤니케이션 기술을 광범위하게 활용한다. 이들은 또한 전통 기업과는 비교가 안 될 정도로 바깥세상과 긴밀하게 연결돼 있다. 그를 통해 지구촌에 널려 있는 온갖 형태의 '공짜'를 무한정 끌어 쓰고 있다. 플랫폼을 형성하고 전 세계에 흩어져 있는 다양한 이들의 지성과 재능을 자산으로 활용한다.

세상에 나온 지 몇 달 만에 시중은행과 거대 금융회사를 떨게 하는 카카오뱅크는 기하급수 기업의 면모를 아주 잘 보여준다. 그리고 이 같은 기업 수천 곳이 이미 지구촌에 등장해 대기업들을 바짝 긴장하게 만들고 있다. 스타트업이나 중소기업의 역동성과 기민함을 공룡 같은 대기업이 이겨내기란 결코 쉽지 않은 일이다.

앞으로 대기업의 가장 큰 과제는 이런 신생 기하급수 기업의 도전을 어떻게 이겨내느냐 하는 것이다. 기업의 각 부문이 '일하는 방법'을 바꾸고 역동성, 유연성을 갖출 수밖에 없다. 물론 쉽지 않다. 50대에게 갑자기 30대처럼 생각하고 일하라고 요구하는 것과 비슷하다. 그러나 이는 살아남기 위해 피할 수 없는 과제다. 대기업의 기하급수 기업화, 이것은 21세기 비즈니스계의 가장 큰 과제로 부상하고 있다.

커뮤니티 형성은
'눈 굴리기'

한국경제신문 2017년 9월 1일

    한동안 소셜 네트워크 서비스sns에서 화제가 된 일이 있었다. 개설한 지 일주일이 안 돼 가입자 10만 명을 넘긴 '오이를 싫어하는 사람들의 모임(이하 오싫모)'이라는 페이스북 커뮤니티에 대한 이야기다. 큰 노력 없이 '오이를 싫어하는 사람들의 선언'이라는 선언문 하나 올렸을 뿐인데 사람들이 폭발적 반응을 보이는 데 대해 개설자 스스로도 놀랐다고 한다.

    에어비앤비, 우버 같은 기하급수 기업들의 폭발적 성장 비결이 크라우드와 커뮤니티를 통한 외부 자원의 활용으로 얘기되면서, 또 아이돌 가수 방탄소년단의 성공 비결이 'Army'라고 불리는 커뮤니티라고 알려지면서 이제는 외부의 자원과 역량을 얼마나 잘 활용하느냐가 조직과 기업의 성패를 가르는 시대가 됐다.

커뮤니티 형성을 위한 첫 번째 단추는 공감을 일으킬 수 있는 선명한 목적의 설정이다. '오이를 싫어하는 사람들의 모임'과 같은 선명하고 동질감을 일으키는 목적이다. 기존 자동차 업체보다 100배 저렴한 비용으로 5배 빨리 자동차를 만드는 로컬 모터스를 가능하게 한 커뮤니티의 시작은 '소노란 사막을 달리는 오프로드 차량 만들기'라는 목적이었다.

목적에 대해 너무 작은지, 동조자가 적을지는 염려하지 마라. '니치 법칙'이라는 것이 있다. '우리는 혼자가 아니다'라는 아이디어다. 이것은 4차 산업혁명 시대, 연결성 시대의 가장 두드러진 특징 중 하나다. 우리가 깊은 열정을 느끼는 것이 아무리 괴짜 같은 생각이라 해도 똑같은 열정을 느끼는 사람이 아주 많다는 얘기다. '오싫모'를 생각해봐라. 그 커뮤니티 구성원들의 얘기를 들어보면 세상에 오이를 싫어하는 사람은 나밖에 없는 줄 알았다는 내용이 많다.

두 번째 단추는 열정을 가진 소수의 핵심 인력이다. 커뮤니티를 만들다 보면 특히 초기에는 규모에 집착하게 된다. 그러나 초기일수록 동질성과 소속감, 열정을 가진 소수의 핵심 인력이 훨씬 중요하다. 다수에게서 작은 가치를 얻지 말고, 소수에게서 최대의 가치를 얻는 방식이다. 현재 미국 전역에 1만 5,000개 지부를 운영하는 셰릴 샌드버그가 만든 '린 인 서클Lean in Circle'이라는 것이 있는데, 여기에서 중요한 것은 소속감이다. 사람들은 공유하는 것이 많아 동질감이 충분할 때 비로소 소속감과 유대감을 느낀다.

세 번째는 목적에 부합하는 진정성 있는 콘텐츠의 지속 공급이다. 빌보드, 《타임》지 등 외국에서 먼저 지속적으로 관심과 애정을 보이고 있는 방탄소년단은 멤버 7명이 한 계정을 사용하면서 지금까지 9,600개 트윗을 올렸다. '흙수저 아이돌'이라고 불리는 방탄소년단의 막강한 팬덤 형성의 요인으로 이 풍성한 떡밥을 꼽는다.

트윗이 하나 올라오면 10만~20만 개의 리트윗이 쌓

인다. 대표적 한류 스타 지드래곤에 비해 팔로어 수는 적지만 트윗과 리트윗 수는 더 많다고 한다. 연결성 시대의 핵심은 '공감이 가는 진정성 있는 이야기는 한계비용 제로'로 무한히 퍼져나간다는 것이다.

커뮤니티 만들기는 눈 굴리기와 같다. 처음에는 작은 눈 뭉치를 만든다. 그다음에는 아직은 떨어지기 때문에 손으로 꾹꾹 계속 눈을 붙여야 한다. 이게 어느 정도 단단해지고 커지면 이제 본격적으로 굴리기가 시작된다. 이제 눈 뭉치는 한 번 굴릴 때마다 기하급수적으로 커진다. 목적은 최초 눈 뭉치기에 해당되고, 초기 소수의 열정적 핵심 인력은 손으로 꾹꾹 붙이는 눈에 해당한다.

초기라면 어쩌면 이처럼 손으로 꾹꾹 눌러줘야 한다. 그다음에는 콘텐츠의 공급과 리트윗을 통한 눈 굴리기가 시작되는 것이다.

기회도 위협도, 사람도 자원도 모두 외부에 있다

2017년 7월 초, 여러 신문에 흥미로운 기사가 났다. 미국 항공우주국NASA이 주최한 경진 대회에서 탄소섬유를 활용해 3D 프린터로 만든 64g짜리 최경량 인공위성을 출품해 상을 받은 18세 소년에 대한 기사다. NASA는 중력 가속도와 자기장을 측정하기 위해 8개의 센서를 장착한 이 인공위성을 로켓에 실어 우주로 발사하기로 했다.

이 기사를 보면서 두 가지 생각이 떠올랐다. 첫째는 과거 선진국의 전유물이었고 오랜 시간과 막대한 투자비가 필요한 인공위성을, 인도 시골의 한 소년이 만들 수 있는 세상이 왔다는 것이다. 둘째는 천재들이 모인 NASA에서도 경진 대회를 통해 이렇게 숨은 인재들을 적극 수용하고 있다는 것이었다.

최근 TED에서 소셜 미디어 구루인 클레이 셔키 교수는 전 세계적으로 사람들의 자유 시간을 합하면 1조 시간이 넘는다는 '인지 잉여'를 언급했다. 이는 조직 밖에 뛰어난 인재가 있을 가능성이 높고, 이들은 기꺼이 협력할 시간과 의사가 있으며, 또 그럴 인프라도 갖춰져 있다는 것을 의미한다. 치열한 학습이 없다면 2.8년만 지나면 조직 내 전문 인력의 역량이 절반으로 떨어진다고 한다. 기하급수의 시대, 모든 기회와 위협은 물론 사람과 자원이 조직 밖에 있음을 기억해야 한다.

대기업이 기하급수 기업으로 변신한 사례는 극히 적다. 낙타가 바늘 구멍을 통과하는 것만큼 어렵기 때문이다. 전통적 대기업은 내부에 충분한 자원이 있다 보니 상대적으로 외부 자원의 활용에 취약한 면이 있는데, 변신에 성공한 대기업 중에는 특히 외부 자원을 잘 활용한 기업이 많다. 이들은 대부분 커뮤니티나 크라우드를 통해 외부 자원 활용을 촉진하며, 동시에 공유를 통한 확장성scalability을 극대화하기 위해 인터페이스, 알고리즘 등을 활용했다.

무엇보다 스타트업처럼 반응하고 움직이기 위해 실험적 문화를 조성했다. 물론 세상을 변화시키고자 하는 MTP의 존재는 말할 필요도 없다. 이런 일하는 방법의 혁신을 통해 결과적으로 고객 경험, 운영 방법, 비즈니스 모델의 변화를 이끌었고, 기하급수 기업으로 변신하는 데 성공한 기업들이 나타났다. 사실 각 기업은 실험적 조직 문화, 외부 자원 활용, 알고리즘, 인터페이스 같은 다양한 방법을 동시에 활용해 혁신을 이루었지만, 이 책에서는 각 기업의 가장 대표적인 방법을 살펴볼 것이다.

고객 참여의
새로운 지평을
열다
|
애플

지구상에서 가장 혁신적인 제품을 만든 기업, 시가총액 세계 1위 기업 등 애플의 성공을 표현하는 수식어는 이미 아주 많다. 원래 애플은 매킨토시라는 훌륭한 제품을 만들 만한 역량이 있었지만, 외부 자원 활용에는 역량이 떨어지는, 아니 좀 더 정확히 말하면 관심이 없던 회사다.

그러나 1996년, 창업주 잡스가 복귀한 후 달라졌다. 우선 비즈니스를 대하는 애플의 관점이 변했다. 기존의 애플은 외부 자원을 활용해 한계비용 제로로 무한히 확장할 줄 몰랐다. 그러나 아이팟과 아이튠즈를 결합하면서 기기와 콘텐츠가 결합된 생태계를 만들어 음반사 등 다양한 플레이어를 시장에 참여시켰다. 소비자들이 벗어날 수 없을 만큼 매력적인 시스템을 만들고 새로운 수익 모델을 창출해 기기 경쟁사를 시장에서 축출했다.

2007년 스마트폰을 론칭할 때는 앱 플랫폼을 만들어 터치 기반의 혁신적 제품과 더불어 스마트폰 생태계를 조성해 휴대폰 시장의 패러다임을 바꿨다. 즉, 애플은 일하는 방법을 혁신해 참여와 외부 자원 활용의 최적화를 위한 인터페이스 알고리즘, 비즈니스 모델을 전환했다. 그 결과 고수익을 올리는 회사를 넘어 패러다임을 바꾸는 회사가 된 것이다.

그렇다면 어떤 식으로 일하는 방법을 혁신했을까? 애플 제품의 인터페이스와 아이튠즈, 앱 생태계는 다른 책들도 많이 다루었으니, 여기서는 애플이 최근 발표한 야심작 타운스퀘어 Town Square를 살펴보고자 한다.

애플의 새로운 정체성, 타운스퀘어

2017년 9월 13일, 애플은 세계개발자회의WWDC 2017에서 새로운 제품을 발표했다. 그중 가장 혁신적인 것은 5.8인치 액정을 갖춘 아이폰X이 아닌 타운스퀘어였다. 그동안 성공적으로 성장해온 애플 스토어라는 기존 이름을 과감히 버리고, 새로운 정체성을 구축한다는 뜻이었다. 애플의 리테일을 책임진 앤절라 아렌츠Angela Ahrendts는 타운스퀘어를 가리켜 가장 큰 제품이라고 자랑스럽게 소개했다.

사실 같은 해 5월에 '투데이 앳 애플Today at Apple'이라는 프로그램을 발표하면서 타운스퀘어는 이미 한 차례 언급된 바 있다. 커뮤니티의 참여를 극대화해 죽은 공간이 아닌 매일매일 새로운 공간, 세상에 하나밖에 없는 공간으로 애플 스토어를 바꾸고 이를 통해 현대적 의미의 타운스퀘어를 만들고 싶다는 의도로 보인다.

동시에 애플은 '크리에이티브 프로Creative Pro'라는 새로운 직군을 만들었다. 이들은 한 가지 이상의 예술성에 전문성을 갖춘 인력이다. 제품의 기술적 요소를 소비자가 이해할 수 있는 언어로 설명하며, 소비자가 예술적 욕구를 스스로 표현하게끔 도와주는 역할을 한다.

투데이 앳 애플은 포토, 뮤직, 코딩, 아트, 디자인 등 여러 코스로 구성되는데, 특히 흥미로운 것은 'Perspectives and Performances' 코스로, 아티스트나 뮤지션들이 자기들의 일하는 방법과 삶에 대해 이야기를 나누는 과정이다. 한국의 아이돌 그룹 NCT 127이 뉴욕 브루클린 애플 스토어의 투데이 앳 애플에 참여해 자신들의 이야기를 현지 팬들과 공유한 적이 있다. 이처럼 타운스퀘어는 고객의 참여를 극대화하고자 하는 애플의 시도라고 봐야 할 것이다.

현재 애플은 약 500개 매장에서 약 370억 달러의 매출을 올리고 있다. 이는 애플 전체 매출의 18%를 차지하는 주요 채널 중 하나다. 제곱미터당 매출이 5,000달러를 넘는데, 이는 주얼리 브랜드 티파니의 2배를 넘는 수치다. 여기에 매년 5억 명이나 되는 방문객이 이곳에서 애플 브랜드를 체험하고 제품에 대한 다양한 교육을 받는다는 점을 고려할 때, 애플 매장은 단순한 매장 이상의 역할을 훌륭하게 수행하고 있다. 그래서 테슬라 등 많은 브랜드들이 애플 매장을 오프라인 매장의 표본으로 여긴다.

애플 스토어의 역사는 2001년 미국 버지니아주에서 시작되었다. 당시 스티브 잡스는 혁신적인 애플 제품에 대한 교육을 베스트바이Best Buy, 미국 최대 전자 제품 소매 회사 같은 전자 제품 리테일러들에게 맡길 수 없다고 생각했고, 주변의 반대와 우려를 무릅쓰고 리테일 매장을 오픈한다. 이때 잡스는 리테일을 책임진 론 존슨Ron Johnson에게 세계 최고의 고객 서비스를 제공하는 회사는 어디냐는 질문을 던졌다. 존슨은 전자 제품 소매점 대신 '포시즌스 호텔'이라는 답을 내놓았다.

이후 포시즌스 호텔에서 '바'라는 콘셉트를 가져와 지니어스 바Genius Bar, 애플 스토어를 찾은 고객들이 원하는 서비스를 제공하기 위해 애플 제품과 서비스에 정통한 '지니어스'들이 배치된 공간를 만들 정도로 애플 스토어는 처음부터 고객 경험에서 세계 최고를 목표로 설계됐다. 그런 매장에 대해 애플은 더 이상 '스토어'라는 말을 쓰지 않겠다고 한 것이다. 이를 통해 세 가지 정도의 방향으로 애플 리테일의 진화를 조심스럽게 예측해볼 수 있다.

경험을 넘어 상상을 맛보게 하다

첫째는 '경험experience에서 상상imagination'으로의 변화다. 타운스퀘어는 단순히 경험의 공간이 아니다. 크리에이티브 프로는 기회와 가능성, 상상력을 고객에게 제공한다. 이를 통해 고객 각자가 호기심을 갖고 열정을 따르게 하는 공간이 타운스퀘어다. 동시에 연결의 공간이기도 하다.

둘째는 지역사회에 대한 헌신이다. 특정 지역과의 강한 연대는 그 공간과 장소에 '독특함', '세상에 없는'이라는 가치를 더할 수 있다. 서울에 있는 타운스퀘어는 서울이라는 도시와 강한 연대를 맺는다. 이를 통해 어디에나 있는 애플 매장 중 하나가 아닌, 세상에 하나밖에 없는 고유한 타운스퀘어가 된다.

셋째는 투데이 앳 애플에 따른 공간의 역동성과 새로움이다. 매일매일 새로운 프로그램과 아티스트들이 만드는 그날만의 콘텐츠와 만남은, 애플 타운스퀘어를 방문하는 것이 특별한 이벤트가 되도록 한다. 고객에게 설렘을 선사하는 것이다.

스토어는 파이프라인 기업 밸류 체인의 마지막 부분에 해당된다. 타운스퀘어 선언은 파이프라인 밸류 체인의 끝단으로, 애플이 더 이상 스토어에 머물지 않겠다는 선언이다. 실제로 발표된 타운스퀘어의 디자인을 보면 과거 스토어와 달리 열린 공간임을 알 수 있다. 이제 타운스퀘어는 다양한 사람과 그들의 이야기를 연결하는 공간의 상징이다.

전 세계 500여 개 공간에서 매일 새로운 만남이 일어난다.

그 만남이 반복되고 더 많은 사람들이 참여할수록, 타운스퀘어는 확장될 것이다. 어쩌면 앱 생태계에 이은 애플의 또 다른 경쟁력이 될지도 모른다. 개방과 참여를 부르는 애플의 이 새로운 오프라인 플랫폼에 무엇으로 대응해야 할지, 다른 대기업들의 고민이 필요한 시점이다.

고객 만족을
기준으로 한
자기 파괴적 실험
—
아마존

'아마존드'가
의미하는 것

계산대가 없는 마트 '아마존 고
Amazon Go', 버튼 하나만 누르면 아마존닷컴에서 원하는 제품을
구매할 수 있는 '대시Dash', 인공지능 비서 '알렉사', 알렉사 기
술을 적용한 스피커 '에코', 로봇을 활용한 자동화 물류 시스
템 '키바', 드론을 활용해 물품을 배송하는 '프라임 에어 서비

스' 등 아마존과 관련된 많은 서비스를 들어봤을 것이다. 하지만 이런 것들만으로는 아마존을 제대로 이해할 수 없다.

많은 사람들이 아마존이 너무 많은 것을 팔려고 한다고 말한다. 실제로 아마존은 유통, 물류, 전자, IT 기술, 콘텐츠 등 서로 연관 없어 보이는 너무나 많은 제품을 팔고 있다. 아마존의 경쟁사들 또한 하나의 카테고리가 아니다. 클라우드 부문에서는 IBM과 마이크로소프트를, 전자 상거래 부문에서는 월마트와 이베이를 들 수 있다. IT 생태계에서는 애플과 구글이 경쟁사로 꼽힌다.

'아마존드Amazoned'라는 말이 있다. 아마존이 어떤 산업에 진출하면 그 산업이 초토화된다는 뜻이다. 아마존은 어디까지 확장할까? 그 확장을 어떻게 이해해야 할까?

아마존의 움직임은 리스크를 관리하면서 '고객 만족'이라는 가정을 끊임없이 테스트하고 실험하는 린 스타트업의 철학으로 볼 수 있다. 온라인 신발 거래 업체인 자포스Zappos의 CEO 토니 세이는 '지속해서 실험하고 진화하는 위대한 브랜드나 기업은 끊임없이 펼쳐지는 하나의 이야기'라고 말한 바 있다.

아마존의 확장 역시 시장점유율이나 경쟁 우위를 목표로

하는 게 아닌, 고객 만족이라는 목표를 두고 움직이는 전략이다. 베이조스는 이렇게 말한 적이 있다.

"사람들은 내게 5년 후나 10년 후 무엇이 변할 것인지만 묻고 무엇이 변하지 않을지는 묻지 않는다. 경쟁자에게 집중하다 보면 뭔가를 시도하는 경쟁자가 나타날 때까지 기다려야 하지만, 고객에게 집중하면 훨씬 더 주도적이고 전향적으로 변화할 수 있다. 세상이 변하더라도 고객이 원하는 가치를 제공한다면 고객은 외면하지 않는다."

결국 아마존의 확장은 '고객 만족'이라는 기준 아래 끊임없는 실험과 수정과 확장의 반복이다. 겉으로 보기에 문어발 같은 경영 혹은 자기 파괴적 혁신도, 고객 만족을 위해 실행하는 일종의 실험이라고 볼 때 이해할 수 있다. 아마도 이 실험은 고객이 원할 것 같은 것을, 원할 것 같은 시간에 보내주는 궁극의 가치에 도달할 때까지 멈추지 않을 것으로 보인다.

온디맨드를 뛰어넘는
아마존의 실험

2002년, IBM의 CEO 샘 팔미사노는 IBM의 차세대 비즈니스 전략으로 '온디맨드On-Demand 비즈니스'라는 개념을 처음 사용했다. 고객인 타 기업이 원하는 때, 원하는 서비스를, 원하는 만큼 제공하는 비즈니스 기반을 갖춰야만 IBM이 시장을 주도할 수 있다는 뜻이었다. 이처럼 B2B 비즈니스에서 처음 나온 이 개념이, 시장 주도권이 기업에서 소비자로 넘어가면서 비즈니스와 서비스 전반에서 일어나는 현상이 되고 있다.

사전적 의미로 온디맨드는 공급 중심이 아니라 수요가 모든 것을 결정하는 시스템이나 전략 등을 총칭하는 개념이다. 기업이 일방적으로 고객에게 상품이나 서비스를 제공하는 방식이 아니라, 고객이 필요한 것을 요청하면 고객에게 딱 맞는 서비스나 상품을 제공하는 접근 방식이 온디맨드 방식이다. 이런 관점에서 현재 아마존의 다양한 서비스를 온디맨드 경제의 관점에서 분석하고, 향후의 확장 방향에 대해 이야기해보고자 한다.

'지금' 원하는 것을 넘어 '앞으로' 원할 것 같은 것으로

아마존은 서적에서 시작해 현재는 약 3억 7,000만 개의 제품을 팔고 있다. 신선 식품 배달 서비스Amazon Fresh는 물론 음식 배달, 테이크아웃 서비스Amazon Local 등도 추가하고 있다. 그러나 아마존에게 어떤 것을 파느냐는 중요하지 않은 듯 보인다. 그보다 중요한 것은 고객이 그것들을 요구하고 있는지 여부다. 이 시점에서 아마존은 이미 다음 단계로 나아가고 있다. 방대한 데이터와 인공지능 알고리즘을 통해 고객의 요구를 정확히 읽어내고, 고객이 미처 생각하지 못했던 것을 제안하는 것이다.

그를 위한 첫 번째 시도가 2015년 3월에 발표한 대시 버튼이다. 대시는 바 형태의 가정용 하드웨어로, 버튼만 누르면 기기에 할당된 제품이 자동으로 결제와 배송이 되게 하는 간편 장치다. 대시 버튼은 29종 500여 개 생필품을 클릭 한 번만으로 주문할 수 있게 함으로써 PC나 모바일 주문에 비해 단계를 더욱 단순화했다.

또 자주 구매하는 생필품이나 소비재가 대상이라 온라인과 오프라인의 경계를 보다 쉽게 허물려는 전략의 일환으로 보이기도 한다. 그러나 더 중요한 점은 아마존은 대시 버튼을 통해 소비자의 구매 패턴에 관련된 데이터를 축적하려 한다는 사실이다. 이를 통해 어느 날 내가 깜빡 잊고 주문하지 않은 세제가, 다 떨어질 때쯤 현관문 앞에 도착할 수도 있다.

두 번째 시도는 아마존 에코다. 에코는 7개의 마이크가 있는 음성인식 블루투스 스피커다. 음성인식 알고리즘인 알렉사를 통해 생활 비서 업무를 수행하며 궁극적으로는 에코를 소비자 스마트홈의 허브로 만들려고 한다. 알렉사를 통해 집안에 있는 다양한 IoT 기기를 통제하면서 고객의 라이프스타일 데이터를 축적할 수 있다. 그렇게 되면 생필품을 넘어 고객의 일상에 필요한 모든 것을 아마존이 먼저 제안하는 놀라움을 안겨줄 것이다.

'원할 것 같은' 것을, '원할 것 같을' 시간에

'바로 지금의 시대'라는 말을 많이 한다. 고객의 요구가 즉각적으로 만족되어야 한다는 것이다. 그런 관점에서 보면 오프라인 매장에 비해 상대적으로 이 점이 취약한 온라인 소매업자가 물류와 배송에 엄청난 투자를 하는 것은 당연한 일이다. 특히 땅이 넓은 미국에서는 배송 시간이 하나의 경쟁력이라고 여겨진다.

이에 따라 아마존도 물류와 배송에 엄청난 금액을 투자하고 있다. 아마존은 물류 센터에서 '주문 이행 센터fulfillment centers'로 재정의된 배송 센터를 2016년 3월 기준 미국에만 총 160개, 해외까지 포함하면 291개 갖추고 있다고 추정된다.

또 물류 센터 내에 키바를 두어 효율을 높이고 있는데, 이 로봇은 창고에서 고객에 배송할 상품을 직접 골라 담당자에게 전달하는 일을 한다. 뿐만 아니라 적외선 센서를 이용해 충돌을 방지하고, 장착된 카메라를 제품 종류 인식과 이동 시 위치 파악에 사용한다.

키바가 작업하는 공간 바닥에는 바코드가 깔려 있다. 하단에 장착된 카메라가 바코드를 스캔하며 이동하므로 신속하고 정확하게 물류를 분류할 수 있다. 아마존은 2013년 기준 1,400여 대의 키바를 사용하고 있으며, 최대 40%의 작업 효율의 향상으로 연 최대 9억 1,600만 달러의 비용 절감을 예상하고 있다.

이런 효율에 기반해 아마존은 소비자에게 배송 시간과 관련된 다양한 옵션을 제공한다. 일반 배송, 아마존 프라임(연 99

달러, 무료 2일 내 배송), 당일 배송(프라임 회원이 35달러 이상 구매 시) 아마존 프라임 나우(2시간 무료 배송), 아마존 프라임 에어(2.5kg 이하 상품 30분 내 배송), 그리고 예측 배송이다. 아마존은 2014년 예측 배송에 대한 특허를 냈다. 이처럼 배송 시간 단축에 대한 집착을 통해 아마존은 끊임없이 '고객이 원할 것 같은 시간'이 라는 명제를 달성하고자 노력하고 있다.

고객이 원하는, 원할 것 같은 시점과 관련해 아마존은 또 하 나의 옵션을 추가하려고 한다. 장소에 대한 오프라인 옵션을 통해 시점과 관련한 또 다른 선택을 제공한 것이다. 이를 위해 '아마존 북스'와 '아마존 프레시 픽업', 그리고 '아마존 고' 같 은 활발한 오프라인 매장을 오픈했다.

아마존의 첫 번째 오프라인 서점인 아마존 북스는 2015년 처음 문을 열었는데, 곧 10개로 늘어날 예정이다. 이 서점은 몇 가지 특이한 점이 있다. 평점 4.0 이상의 검증된 책만 표지 중심으로 진열한다. 또 지역에서 인기 있는 책만 모아놓거나 앱을 활용해 다른 사람들의 후기를 확인할 수도 있다. 기존 오 프라인 서점에는 부족한 점이자 아마존의 가장 큰 장점인 '연 결성의 가치'를 오프라인에서도 구현한 것이다.

이에 따라 킨들로 책을 읽으면서 밑줄을 긋거나 메모한 내용이 모두 기록되어 다른 독자에게 공유된다. 전 세계에 흩어져 있는 수십 명 혹은 수백 명과 함께 책을 읽는 것으로, 새로운 사람들 혹은 그들의 생각과 연결되는 놀라운 연결성의 경험을 제공한다고 볼 수 있다.

아마존 프레시 픽업과 아마존 고는 지금은 초기 단계이지만 곧 본격화될 것으로 보인다. 프레시 픽업은 고객이 픽업 앱으로 신선 식품을 주문하면 아마존 직원이 고객 도착 시간에 맞춰 상품을 준비하고, 고객이 도착하면 직원이 고객 차량으로 상품을 배달하는 서비스다. 고객은 주문 후 15분 안에 픽업할 수 있고, 드라이브 스루drive-through 방식으로 차 안에서 수령할 수 있다.

아마존 고의 모토는 'Just Grab and Go'로 명확하다. 계산대와 계산을 기다리는 줄이 필요 없는 세상이다. 아마존 고앱을 깔고 무슨 물건이든 집어 들면 가상의 카트 안에 물건이 채워지는 걸 바로 확인할 수 있으며, 집어 든 채 매장을 떠나면 나중에 이메일로 청구서가 온다. 아마존은 '연결성'의 구현과 고객의 시간 절약을 목표로 이를 계속 발전시킬 것으로 보인다.

아마존은 더 이상 고객을 놓고 특정 기업과 경쟁하지 않는다. 대신 고객이 자신도 잘 모르는 욕구를 이끌어내도록 스스로와 경쟁한다. 바로 이것을 위해 '실험'이라는 일하는 방법의 혁신을 치열하게 추구하며, 이를 통해 끊임없이 기하급수 기업으로 발돋움하는 것이다.

알고리즘을 통한
비즈니스
모델의 진화
|
넷플릭스

미국 실리콘밸리에서는 기존 비
즈니스 모델이 붕괴되었을 때 '넷플릭스드 Netflixed'라는 표현을
쓴다. 이 말은 넷플릭스가 영화 스트리밍이라는 플랫폼 기반
의 새로운 비즈니스 모델을 도입해 미국 전역에서 9,000개 매
장을 운영하던 영화 대여업의 절대 강자 블록버스터Blockbuster
를 파산시킨 데서 기인한다.

1997년 설립된 넷플릭스는 현재 약 4,200여만 개의 영상
콘텐츠를 보유하고 있다. 전 세계 가입자는 2017년 7월 기

준 1억 명이 넘는다. 미국에서는 프라임 타임 인터넷 트래픽의 1/3을 넷플릭스가 사용하고 있다고 CNN이 보도할 정도로 엄청난 인기를 끌고 있으며, 방송 산업의 역사를 새로 쓴다고 봐도 무방할 정도다. 한국을 비롯해 캐나다, 멕시코, 유럽 일부 국가, 일본 등 해외 가입자가 계속해서 증가하고 있다.

일하는 방법의 혁신, 시네매치 알고리즘

처음 넷플릭스에 가입하면 자신이 선호하는 영화나 프로그램을 3개까지 선택할 수 있다. 넷플릭스의 데이터 기반 추천 알고리즘은 이를 통해 고객의 취향을 장르별로 분석한 뒤, 관련 데이터를 차곡차곡 쌓아 분석한다. 바로 시네매치 알고리즘이다. 지금은 평점까지 분석해서 고객의 취향과 재고 상황을 최적화한다. 덕분에 고객 만족도가 80% 이상으로 알려졌고, 전체 고객의 75% 이상이 시네매치 추천 영화를 선택한다고 한다.

넷플릭스는 원래 온라인 주문 방식의 DVD 대여업으로 사업을 시작했다. 당시 동종 업계를 지배하던 대기업 블록버스터에 대항해 우편으로 DVD를 배달하는 방식이었다.

그런데 이 사업에는 치명적인 문제점이 있었다. 우편으로 DVD를 빌려주면 대여와 회수에 걸리는 시간이 일반 비디오 대여점보다 길다. 사람들은 대부분 최신작이나 인기작을 빌려 가길 원하는데, 아무리 다양한 영화를 구비해도 최신작만 빌려 가면 순환이 제대로 될 리 없다. 이를 극복하기 위해서는 최신작이나 인기작을 많이 구매해야 하는데, 그러려면 비용이 늘어난다. 더구나 흥행이 끝난 영화는 더 이상 가치를 발휘하지 못해 재고 비용만 늘어나는 악순환에 빠질 수 있다.

이런 고민을 해결한 것이 바로 추천 시스템이다. 비록 몇 년 전에 나온 영화라도 내가 좋아할 만한 영화를 알려주는 것이다. 넷플릭스에서는 고객들이 이 추천 시스템을 신뢰하면서 최신작이 아니라도 오래된 영화를 빌리는 사람이 늘어났다. 이런 영화가 전체 매출에서 차지하는 비중이 높으면, 신작 구매 비용과 재고 비용을 줄이고 수익 구조를 개선하는 데 큰 도움이 된다. 실제로 시네매치 알고리즘은 넷플릭스가 블록버스터에 맞서서 시장 내 입지를 구축하는 데 결정적 역할을 했다.

자체 콘텐츠 제작으로 한발 더 나아가다

넷플릭스는 2007년, 성장성이 큰 비디오 스트리밍 사업에 진출했다. 이때 시장에는 이미 '언박스'라는 이름으로 유통 거인 아마존이 뛰어들어 있었다. 보유한 콘텐츠 수는 아마존에게 크게 밀렸지만, 넷플릭스는 시네매치 알고리즘을 통해 아마존을 물리칠 수 있었다.

아마존의 추천 방식은 좋아하는 다른 사람이 높이 평가한 영화를 나에게 추천하는 단순 추천 방식인 데 반해, 넷플릭스는 모델 기반 협력 필터링과 콘텐츠 기반 필터링의 두 가지 결합으로 특정 고객의 취향을 반영하는 보다 정교한 방식의 추천을 통해 만족도를 높였다.

예를 들어 누군가 〈태양의 후예〉를 좋아한다고 하면 그 이유가 시놉시스 때문인지, 주연 배우 때문인지, OST 때문인지, 아니면 액션 멜로라는 장르 때문인지 등으로 이유를 세분화할 수 있는 것이다. 넷플릭스는 이런 식으로 약 7만9,000개의 장르로 영화를 세분화한다.

잘나가던 넷플릭스는 2011년 위기를 겪었다. 비디오 스트리밍 시장의 경쟁이 치열해졌고, 디즈니 등 콘텐츠 제작사가 가격을 올렸기 때문이었다. 넷플릭스는 여기에 대응해 2013년, 과감한 시도로 비즈니스 모델을 다시 한번 진화시킨다. 아예 콘텐츠를 자체 제작하기로 결정한 것이다.

이렇게 해서 탄생한 것이 우리나라에도 많은 고정 팬을 지닌 '미드' 〈하우스 오브 카드 House of Card〉다. 이 작품은 "TV 드라마의 역사는 〈하우스 오브 카드〉 전과 후로 나뉜다"라고 할 정도로 성공을 거뒀다. 이 역시 철저하게 데이터를 분석한 덕분이었다. 넷플릭스는 실력있는 감독과 주연배우 캐스팅 외에도, 드라마 제작 관행을 깨고 전 시즌을 한 번에 제작하면서 '폭식 시청', '정주행 시청'이라는 시청 행태에도 큰 변화를 불러왔다.

넷플릭스 프라이즈 Netflix Prize 경진 대회 또한 빼놓을 수 없다. 넷플릭스 프라이즈는 시네매치의 품질을 10% 개선하는 사람에게 100만 달러(약 12억 원)를 주겠다는 일종의 아이디어 콘테스트였다. 전 세계에서 5,000여 팀이 참여했고, 3년 동안 186개국에서 4만 팀 이상의 데이터 분석가가 넷플릭스 추천 시스템의 성능 개선을 위해 뛰어들었다.

그 결과 '벨코어의 실용적 혼돈'이라는 팀이 우승을 차지했다. 이 팀은 AT&T 벨 연구소 소속 연구원 3명이 모인 '벨코어'

라는 팀으로 시작했는데, 호주의 '대혼돈'이라는 팀과 결합해 '벨코어와 대혼돈'이라는 팀이 됐다. 이후 '실용주의'라는 팀과 다시 결합해 '벨코어의 실용적 혼돈'이 되었다.

이 대회는 참가한 팀의 규모와 열기, 우승한 팀의 이름에서 보듯이 참가자들 간의 협업과 10% 개선이라는 놀라운 결과를 불러왔다. 이런 점에서 크라우드 소싱의 가장 대표적인 성공 사례로 꼽히고 있다.

인터페이스를
플랫폼으로
구글과 경쟁하다
|
샤오미

샤오미를 이야기할 때는 창업
자 레이쥔을 빼놓을 수 없다. "태풍의 길목에 서면 돼지도 날
수 있다"라는 말로 유명한 그는 킹 소프트라는 회사의 CEO를
그만두고 인터넷 플랫폼이라는 태풍의 길목에 서기 위해 창
업했다.

샤오미는 이후 미위MIUI를 활용한 900만 명의 열렬한 지지
자 '미펀', 한정된 수량만 시장에 내놓아 소비 욕구를 자극하는
'헝거 마케팅', 뛰어난 가성비 등을 내세웠다. 2014년에는 중국

시장에서 14%의 시장점유율을 기록하며 삼성전자를 제치고 1위에 올랐다. 그러나 온라인 중심의 유통 등에서 한계에 부딪치면서 2015~2016년에는 경쟁사에 따라잡히는 등 마이너스 성장을 기록한다. 이른바 '샤오미의 위기'가 언급된 배경이다.

하지만 2017년 3분기에 세계 시장에서 시장점유율 5위를 기록하며 샤오미는 다시 화제의 중심으로 떠오르고 있다. 이런 샤오미의 성장과 부활의 배경에는 '미위 인터페이스'가 있다. 레이쥔은 미위 인터페이스를 통해 플랫폼을 만들고 인터넷 진입 길목을 장악하고자 했다. 미위 인터페이스는 처음에는 사용자들과 미펀을 위한 소프트웨어 플랫폼으로 기능하다가 지금은 IoT 기반의 하드웨어 플랫폼으로 진화하고 있다.

미위 인터페이스 : 고객이 개선하는 플랫폼의 등장

미위는 안드로이드 기반의 사용자 맞춤 운영체제다. 'Mobile Internet'의 약자, 혹은 샤오미의 '미'에 UI를 결합한 것이라는 등 여러 가지 해석이 있다. 기존 구글의 운영체제가 기능적이고 딱딱하다면, 미위는 상대적으로 화려한 중국인의 감성에 맞게 제작했다. 또 처음부터 고객들의 피드백을 중심으로 개선될 정도로 오픈 시스템을 지향해 매주 금요일 업그레이드 버전을 발표했다.

미위는 '돈을 쓰지 않고 100만 명이 미위를 쓰게 할 수 있을까?'라는 레이쥔의 고민에 따라, 100명의 슈퍼 유저를 발굴하고 개선에 대한 피드백을 받는 데서 출발했다. 이는 1년 후 50만 명, 2014년 2,000만 명, 현재 1억 명의 사용자가 참여할 정도로 고객이 함께 개선하는 소프트웨어 플랫폼으로 발전했다.

이 고객들 중에서 900만 명의 미펀이 생겼다. 이들은 "샤오미 휴대폰은 내가 만든 폰이다"라고 할 정도로 애착을 갖고 열정적으로 홍보한다. 덕분에 샤오미는 매출 대비 2% 이하의 마케팅 비용만 지출하고도 7~8%를 쓰는 기업과 경쟁할 수 있다. 이는 샤오미가 가성비를 유지할 수 있는 비결이기도 하다.

이제 미위는 IoT 생태계의 하드웨어 플랫폼으로 발전하고 있다. 최근 레이쥔은 샤오미가 세계 최대 IoT 스마트 플랫폼을 구축했다고 말했다. 2015년부터 100개의 샤오미 생태계 회사에 약 1조 6429억 원을 투자했고, 그 결과 공기청정

기, 정수기, 로봇 청소기, 자전거 등 수백 개의 스마트 제품을 연결한 결과다.

그에 따르면 현재 샤오미 IoT 플랫폼에 연결된 기기 수는 8,500만 대이고, 1일 평균 이용량은 1,000만 대에 달한다. 또 2~5대의 샤오미 제품을 이용하는 유저는 500만 명, 5대 이상 보유자는 300만 명에 달한다고 한다.

최근 샤오미는 중국 시장에서 스마트폰과 연동되는 스마트 정수기를 출시했다. 이 제품은 별도 장치 없이 기존 수도꼭지에 간편하게 연결해 사용할 수 있도록 디자인됐다. 또 스마트폰을 통해 실시간으로 수질을 관리할 수 있으며 필터 교체 시기가 되면 모바일 기기로 알려준다. 중국 내에서는 필터 교체 시기가 되면 버튼 하나로 필터를 주문할 수 있다. 스마트폰과 연동되는 체중계 '미 스케일Mi Scale'은 이미 널리 알려졌고, 최근에는 중국 스포츠웨어업체 리닝과 손잡고 앱과 연동되는 '스마트 러닝화'까지 내놓았다.

샤오미의 시선은 저 너머에 있다

시작이 스마트폰이다 보니 샤오미를 스마트폰 제조사로 아는 사람들이 많지만, 샤오미는 처음부터 인터넷 플랫폼 기업을 지향했다. 샤오미는 처음부터 하드웨어나 스마트폰에 관심이 없었다. 성능 좋은 기기를 만들기보다는 미위를 통해 소비자가 참여하는 소프트웨어 플랫폼을 만들었다. 이후 미펀 같은 열성적 소비자층을 만들고 IoT를 기반으로 한 하드웨어 플랫폼을 구축했다.

이 모든 것이 인터넷 플랫폼 기업이라는 큰 목표를 달성하기 위한 전략이라고 할 수 있다. 이처럼 하나의 목표를 세우고 이루기 위한 일관된 전략을 펼치는 회사가 있었던가? 이것이야말로 샤오미가 무서운 진짜 이유다.

일하는 방법
혁신의
종합 선물 상자
—
스타벅스

　　　　　　　청계천 광장에서 스타벅스 매
장 위치를 검색하면 인근에 10개가 넘는 매장이 있다고 나온
다. 혹자는 이를 두고 같은 브랜드 가맹점을 500m 안에 둘 수
없는 가맹사업법 적용을 받지 않다 보니 일어나는 현상이라
고 말한다. 하지만 이보다는 2016년 업계 최초로 매출 1조 원
을 돌파한 데 이어, 2017년 상반기에만 매출 5,935억 원을 기
록하고 점포 수도 1,000개를 넘을 만큼 고객이 몰리는 스타
벅스의 경쟁력이라고 보는 게 타당하다.

더구나 이는 한국 스타벅스만의 현상이 아니다. 2008년 창업주 슐츠가 복귀한 이래 글로벌 스타벅스도 2016년까지 매년 10% 이상 성장해왔다. 스타벅스는 전 세계 2만 5,000개 이상의 매장을 거느린 전통적인 F&B 대기업이다. 1971년 미국 시애틀의 커피 원두를 판매하는 소매점에서 출발한 스타벅스는 1987년 슐츠가 인수하며 커피 전문점으로 새롭게 거듭났고, 그가 일선에서 물러나던 2000년까지만 해도 승승장구했다.

그러나 이후 스타벅스는 무분별하게 수익 중심의 메뉴를 확장하면서 '커피 본연의 경험'이라는 고유 가치를 잃었다. 2008년에는 글로벌 금융 위기와 더불어 매출이 급감해 사상 처음으로 적자를 경험하기도 했다.

슐츠는 위기에 빠진 스타벅스를 구하기 위해 CEO로 복귀하며 '잃어버린 고객 경험을 되찾는 것'을 최우선 목표로 설정했다. 동시에 그 사이 고객과의 소통 방식이 디지털로 바뀐 것을 지적하면서 디지털 혁신을 통해 고객 경험을 되찾아줄 것이라고 강조했다.

이를 위해 슐츠는 리더십 팀을 적극적으로 바꿨다. 2009년에 디지털 전담 부서를 설치하고 2012년에는 애덤 브로트먼을 CDO로, 2015년에 제리 마틴을 CTO로 임명했다. 동시에 단순한 기술 혁신이 아닌, 일하는 방법의 혁신을 통한 고객 경험의 개선이라는 디지털 혁신에 관련된 분명한 목표를 설정했다.

전통적 커피를 파는 기업, 디지털 혁신을 시작하다

리더십 변혁과 더불어 슐츠가 첫 번째로 이룬 일하는 방법의 혁신은 '마이 스타벅스 아이디어My Starbucks Idea'라는 공동 창조 플랫폼 론칭이다. 이것은 고객에게 아이디어를 얻고 고객 참여를 활성화하겠다는 뜻에서 비롯되었다.

많은 기업이 고객의 제안을 받는 이벤트를 연다. 그러나 그 어느 기업도 스타벅스만큼 많은 고객의 열성적인 참여를 이끌어내지는 못했다. 첫해에만 약 7만 개, 2015년까지 약 19만 개의 고객 아이디어가 제안되었다. 그중 연간 약 70개가 실행에 옮겨진다고 한다. 또 아이디어마다 평균 20여 개 이상의 고객 댓글이 달린다. 이 플랫폼은 공유, 투표, 토론, 검토의 4단계로 구성돼 있다.

1단계인 공유는 아이디어를 제품·매장·사회 공헌 카테고리로 분류하고 자신의 아이디어를 올리는 장이다. 2단계인 투표 단계는 공유된 아이디어들에 대한 찬반 투표를 실시하는 것이고, 이 과정을 통해 자연스럽게 아이디어를 선별하는 과정을 거친다.

3단계는 토론 단계인데, 여기서의 토론은 다른 기업의 그것과는 조금 다르다. 스타벅스는 좋은 아이디어를 선정하는 과정도 중요하지만 개별 아이디어를 놓고 고객 간에 서로 이야기하는 소통 또한 중요하다고 여겼다. 사실 고객이 제안한 아이디어가 채택될 확률은 1% 미만이다. 하지만 고객은 토론 과정을 거쳐 자신의 아이디어가 존중받고 있으며 가치 있다고 느낀다.

스타벅스 고객들은 이 과정을 통해 다른 고객들에게 피드백을 받을 수 있다. 그럼으로써 아이디어가 채택되지 못하더라도 자신들이 가치 있는 무엇인가를 했다는 느낌을 받을 수 있다. 뿐만 아니라 이 토론을 통해 단순히 회사와 고객의 관계가 아닌, 고객과 고객의 관계도 발전할 수 있다. 이런 과정을 거치면서 플랫폼이 단순한 공동 창조 사이트를 넘어, 고객 커뮤니티로 발전하게 한 것이다.

마지막 단계인 검토 단계 역시 고객의 아이디어를 스타벅스가 얼마나 진지하게 대하는지 보여준다. 검토 단계에서는 선정된 아이디어가 무엇인지, 안타깝게 실현되지 못한 아이디어가 무엇인지 구체적으로 설명한다. 커피가 튀는 것을 방지하는 스플래시 스틱splash stick, 매장 내 와이파이 무료 사용, 모바일 페이먼트mobile payment 등은 바로 이 과정에서 탄생한 것들이다.

'마이 스타벅스'는 무엇이 달랐나

2009년 출시된 스타벅스 모바일 앱 '마이 스타벅스My Star-bucks'는 고객의 불편을 해소하고 차별화된 경험을 제공하는 데 초점을 맞췄다. 충전형 사용 방식인 이 앱을 통해 고객은 매장 밖에서도 모바일로 주문하고 쉽게 결제한다. 또 구매할 때마다 포인트인 '별'을 받는다. '별'이 쌓이면 회원 등급이 높아져 가격 할인이나 쿠폰 혜택을 받을 수 있다. 이런 구매 이력과 장소, 날짜 등이 쌓이면서 고객에게 맞춤 상품과 서비스를 제안하는 방식이다.

이 앱의 개발 과정도 실험이라는 원칙에 충실했다. 작은 것부터 하나씩 더하는 방식을 취했고 적용 국가를 확대해갔다. 혁신을 추구하면서도 디테일에 충실한 것이다. 예를 들어 2011년에는 앱에 고객 충성도를 높일 '로열티' 프로그램이 추가되었다. 2014년에는 한국에서 시작된 모바일 선주문·결제 시스템 '사이렌 오더'와 위성 위치 확인 시스템GPS 기능을 더함으로써 현재의 마이 스타벅스 앱을 완성했다. 6년간 여러 과정을 거치며 현재의 모습이 갖춰진 이 앱은 지금도 고객과의 소통을 통해 개선되고 있다.

스타벅스는 앱을 통해 고객이 경험한 기다림이나 아날로그식 적립 카드의 불편함, 각종 보상 문제, 나만의 커피 제조 등 다양한 문제를 매끄럽게 해결했다. 그 결과 2017년에는 상반기 매출의 1/3이 이 앱을 통해 발생했다. 미국에서만 1,600만 명이 가입했고, 이 앱에 적립된 고객 충전금이 약 12억 달러에 달할 정도로 새로운 수익 모델이 되었다.

스타벅스의 앱은 이제 혁신의 상징이다. 우리는 '혁신은 하룻밤 사이에 일어난다'라는 사고에 익숙하다. 그러나 혁신은 그런 것이 아니다. 혁신은 조심스럽고 섬세하게 여러 단계를 거쳐 이루어진다는 것을 스타벅스를 통해 확인할 수 있다.

마이 스타벅스 앱은 고객과의 관계에서는 인터페이스지만, 스타벅스 내에서는 디지털 플라이휠이라고 말한다. 원래 플라이휠은 기계나 엔진의 회전속도를 고르게 하기 위해 쓰는 바퀴를 뜻한다. 스타벅스에서는 주문·결제·보상·개인화의 휠을, 빅데이터 기반 자동화라는 알고리즘을 통해 지속적으로 회전시킨다는 의미로 플라이휠이라는 표현을 쓴다.

스타벅스는 매주 생성되는 9,000만 건의 거래 데이터와 날씨, 프로모션, 재고, 이벤트 데이터 등을 분석해 고객의 주문, 결제, 리워드에 광범위하게 활용한다. 2016년부터는 실시간으로 주당 40만 개 이상의 개인화 혜택을 생성해, 맞춤형 일대일 서비스로 진화하고 있다.

복귀 후 스타벅스의 혁신을 진두지휘한 슐츠는 2017년 3월 최종적으로 물러나면서 오랫동안 마이크로소프트에서 임원을 맡아온 캐빈 존슨을 후임자로 임명했다. 이는 디지털 혁신을 가속화하기 위한 것으로 보인다.

디지털 혁신은 일하는 방법의 혁신을 위한 열쇠와 같다. '마이스타벅스 아이디어'라는 고객의 적극적 참여, 마이스타벅스

앱의 인터페이스와 빅데이터 기반의 알고리즘 등 스타벅스의 모든 디지털 혁신은 오늘도 일하는 방법을 완전히 바꾸며 성공을 이끌고 있다.

PART 4

기하급수의 시대,
한국 기업은
어디로 나아갈 것인가

승자 vs 패자, 디지털 역량에 달려 있다

디지털 트랜스포메이션은 4차 산업혁명에 대응하는 경영 혁신 활동이다. 이는 기업이 새로운 디지털 기술을 갖춰 끊임없이 변화하는 환경에 적응하고 경쟁력을 확보하려는 노력으로 이해할 수 있다. 기존 성장 방식에 한계를 느낀 글로벌 기업은 전통 산업에 ICT를 활용해 차세대 경쟁력을 확보하는 방향으로 비즈니스 목표를 수정하고 있다.

그러나 이것만으로는 부족하다. 4차 산업혁명에 제대로 대응하기 위해서는 재차 강조하지만 일하는 방식을 바꿔야 한다. 한국에서도 네이버, 카카오뿐 아니라 배달의 민족 등 다양한 스타트업이 대기업의 전통적인 사업 영역을 소리 없이 잠식하며 기존 산업 질서를 해체하고 있다. 대기업의 기존 '결재판 문화'로는 이러한 스타트업의 도전에 기민하게 대응하기 어렵고, 오히려 패배의 악순환으로 빠져들 가능성이 높다.

우버가 GM을, 에어비앤비가 힐턴을, 아마존이 월마트를 누르고 업계 생태계를 재편했다는 사실은 이미 과거사가 됐다. 디지털화는 전례 없이 빠른 속도로 비즈니스 환경을 바꾸고 있다. 과거에는 기존 산업이 붕괴하는 데 수십 년이 걸렸지만 우버, 구글, 아마존같이 디지털 DNA를 체득하고 일하는 방법을 혁신한 기업은 10년이 채 되지 않아 해당 업계를 장악했다. 변화된 환경에서 믿기 힘든 속도로 승자와 패자가 갈리고 있는 것이다.

미국의 시장조사 업체 포레스터 리서치Forrester Research에 따르면, 2020년까지 모든 기업은 디지털 약탈자 또는 디지털 희생양 중 하나의 운명을 맞게 된다. 4차 산업혁명으로 시작된 무한 경쟁이 펼쳐지는 가운데, 대한민국 경제는 스톨 포인트stall point에 들어섰다는 평가를 듣곤 한다. 스톨 포인트란 항공업계에서 쓰는 용어로, 비행기가 서서히 속력을 잃고 자체 중량을 지탱할 정도의 힘을 내지 못해 추락하는 상태를 일컫는다. 경영계에서는 한국 경제와 기업의 위기 상황을 말해주는 표현으로 쓰인다.

불확실한 대외적 경제적 여건 속에서 한국뿐 아니라 여러 글로벌 기업의 성장 지표가 꺾이는 상황에 맞닥뜨렸으며, 새로운 활로를 찾지 못하면 추락할 가능성을 배제할 수 없다. 선진국으로 도약하지 못하는 이른바 '중진국 트랩'에 빠진 가운데 선진국으로 가는 사다리를 다시 잇기 위해서는, 기하급수 기업이 되기 위한 방법을 실천해야 한다.

디지털 컨버전스 마스터로 거듭나기

ICT의 비약적인 발전으로 4차 산업혁명의 근간을 이루는 많은 혁신적 기술이 상용화되고 있다. 인공지능, 빅데이터, 사물 인터넷, 소셜 미디어, 공유경제, 드론, AR, VR, 3D 프린팅 등 쉴 새 없이 쏟아지는 디지털 기술은 마케팅에서 기존 비즈니스 모델까지 급격한 변화를 가져오고 있다. 이러한 디지털 기술은 서로 융합하고 접목되며 진화하고 있고, 이를 활용하는 능력은 기업 경쟁력을 측정하는 핵심 지표가 됐다. 결국 기하급수적 기업으로 변신하기 위해서는 일하는 방법을 혁신해 '디지털 컨버전스 마스터Digital Convergence Master'로 거듭나야 한다.

디지털 컨버전스 마스터란 디지털 기술을 활용해 수익, 생산성 및 성과를 업계 평균보다 눈에 띄게 향상시킨 기업으로, 다음 두 가지 핵심 역량을 갖추어야 한다. 첫째는 '디지털 컨버전스 역량'으로 어떤 디지털 기술을 활용해 고객 참여, 내부 운영, 비즈니스 모델 등을 혁신할 것인지와 관련되어 있다.

둘째는 '컨버전스 리더십 역량'으로, 새롭게 세운 디지털 비전을 어떻게 이끌어나갈 것인지에 대한 고민이다. 톱다운 리더십을 통한 조율, 새로운 미래에 대한 비전 구축, 자율적인 조직 체계 구축, 목표 달성을 위한 외부 자원 활용 및 직원 참여 유도 등이 중요하다.

최근 10년 사이 비즈니스 환경을 바꾼 다양한 디지털 기술이 등장했지만, 이런 기술을 제대로 활용할 수 있다고 자신하는 기업은 아주 일부에 불과하다. 이것은 규모가 작은 기업뿐만 아니라 자원이 충분한 대기업도 마찬가지다. 극소수의 기업 -GE, 나이키, 버버리, 스타벅스, 시저스 엔터테인먼트, 보잉, 에어비앤비 등-만이 디지털 소양을 갖추고 비즈니스 모델을 업그레이드하고 있다.

디지털 역량을 갖추었다고 저절로 일하는 방식이 혁신되는 것이 아니다. 강력한 리더십 또한 필요하다. 그리고 강력한 리더십 역량을 구축하는 데 필요한 요소로 구성원의 가슴을 뛰게 하는 비전, 전 사적인 참여, 디지털 거버넌스 문화와 함께 기술 리더십 역량을 꼽는다. 특히 IT 담당 임원과 사업 본부장의 긴밀한 유대 관계를 뜻하는 기술 리더십은 디지털 스킬을 향상시키고, 강력한 디지털 플랫폼을 구축하는 데 절대적인 역할을 한다.

필요한 디지털 역량의 내용과 리더십의 중요성을 알았다면 실천을 위한 구체적인 계획이 필요하다. 이미 기하급수 기업이 된 사례를 바탕으로, 일하는 방식의 혁신을 성공적으로 수행하기 위한 디지털 나침반을 제안한다.

우리 회사의 미래가 어떻게 될지 불안한가? 쏟아지는 기술 사이에서 나아갈 방향을 몰라 고민인가? 그럼 기하급수 기업으로 성장하기 위한 4단계의 실행 나침반을 통해 그 답을 찾아보자.

디지털 과제의 프레임 파악하기

첫 번째 단계는 디지털 도전 과제의 틀을 구성하는 것이다. 조직의 규모와 상관없이 새로운 변화에는 항상 반대가 따르기 마련이고, 여기에는 절박함의 부재가 타성으로 존재한다. 조직이 놓치고 있는 핵심 원인 중 하나는 바로 '관리의 타성'이다. 변화의 필요성을 감지하지 못하는 것이다.

타성에 맞서기 위해서는 도전 과제를 인식해야 하고, 자신의 시작점을 파악해야 하며, 어떤 방향으로 나아가고 싶은지 결정해야 한다. 조직의 고위급 리더는 디지털 기술의 잠재적인 위험과 기회를 이해하고 변혁의 필요성을 절박하게 느껴야 한다. 이를 위해 '어떻게 하면 디지털 기술을 통해 성과를 향상시키고 고객을 기쁘게 할 수 있을까?'라는 질문을 던져볼 필요가 있다.

새로운 디지털 환경에서 기존 자원과 능력을 최대한 활용해야 하는데, 그러기 위해서는 자신의 위치를 냉정히 파악해야 한다. '내가 속한 조직은 디지털 기술과 관련해 얼마나 성숙해 있는가?', '디지털을 활용해 현행 비즈니스 모델에 도전 해본 적이 있는가?' 등의 질문을 통해 어떤 자산이 디지털 변혁을 성공시키는 데 도움이 될지 판단하자. 그런 다음 유·무형 자산과 관련 데이터 등을 면밀히 검토해야 한다.

마지막으로 어느 방향으로 나아갈지 결정하기 위해서는 디지털 비전을 수립해야 한다. 비전을 수립할 때는 기술이 아니라 각자의 비즈니스나 고객에 초점을 맞춰야 한다. 기술은 어디까지나 이를 달성하는 수단임을 잊지 말자.

대시보드 활용해 거버넌스 구축하기

두 번째 단계는 디지털 비전을 실행하기 위해 투자를 집중하는 방안으로, 다음 사항을 실행해야 한다. 심사숙고해서 만든 비전을 실행에 옮기기 위해서는 비전이 달성되었을 때 어떤 모습일지 보여주는 전략적 목표를 먼저 설정할 필요가 있다.

다음으로 필요한 것은 비전을 통해 조직이 나아갈 수 있도록 길잡이 역할을 하는 '이니셔티브 로드맵initiative loadmap' 수립이다. 여기서 조직의 변화를 이끌어낼 수 있는 진입점을 찾아내는 것이 중요하다. 명품 브랜드 버버리의 경우 전 세계 주요 도시에 플래그십 매장이 있는데, 매장과 온라인에서 브랜드 및 고객 경험에 활기를 불어넣는 것부터 시작했다. 시저스 엔터테인먼트는 데이터를 분석하는 애널리틱스 역량을 고객 서비스 문화와 결합해 '취향 저격'을 실현해냈다.

무엇보다 기술 자체보다는 비즈니스 성과 면에서 로드맵을 표현해야 한다. 그러기 위해서는 고객 경험, 운영 프로세스, 업무 처리 방식, 조직 문화, 커뮤니케이션 등 변혁에 필요한 다양한 변화를 로드맵에 포함해야 한다.

전략적 목표와 실행 로드맵은 변혁의 방향성을 제시하지만, 실제적인 방법에는 도움이 되지 않는다. 이보다는 전 직원이 같은 방향으로 나아갈 수 있도록 유도하는 거버넌스가 효과적인 방법이 될 수 있다. 이때 유용한 툴이 대시보드다. 대시보드는 조직원을 한 방향으로 정렬하고 각자 업무를 효과적으로 달성하게끔 도와준다. 디지털 거버넌스 모델을 수립할 때는 무엇을 조율하고 공유할지 명확히 결정해야 한다. 이를 위해서는 직원들에게 독려하고 싶은 행동과 단념하게 할 행동을 파악하는 것이 필요하다.

아울러 공유와 조율을 택한다 하더라도 혁신을 저해하지

않도록 유의해야 하는데, 사업 부서가 각자 새로운 업무 방식을 찾아낼 수 있도록 어느 정도 재량권을 주어야 한다. 거버넌스를 효과적으로 추진하기 위해서는 최고 디지털 책임자를 임명하거나 거버넌스 위원회를 통해 게이트 키퍼 역할을 해야 한다.

자, 지금까지 디지털 컨버전스 마스터가 되기 위한 전반부의 단계를 살펴보았다. 이제부터는 혁신적인 대규모 변화를 불러일으키는 프로그램을 성공시키기 위해 리더가 직원들의 신뢰를 얻고, 직원들의 참여를 이끌어내는 등 조직을 동원하는 단계에 대해 살펴보자.

변혁을 위한 메시지 효과적으로 전파하기

먼저 각종 커뮤니케이션 수단을 활용해 빠른 시간 내에 포부를 알려야 한다. 글로벌 뷰티 기업 로레알은 2010년을 '디지털의 해'로 선포했다. 이때 중요한 것은 조직을 동원하기 위해 가시적으로 신호를 전달해야 한다는 점이었다.

메시지를 효과적으로 어필하기 위해서는 핵심 구성원들에게 기하급수적 기업의 강점을 설명하고 변신의 필요성을 강조해야 한다. 즉, 직원들이 더욱 수월하고 신속하고 보람 있게 업무를 수행할 수 있다는 점을 명확히 알려주어야 한다.

어느 글로벌 이동통신 사업자는 새로운 경쟁자 때문에 시장점유율이 가파르게 떨어지자, '모바일 시장에서 최초로 진정한 디지털 브랜드가 되는 것'으로 비전을 재정의했다. 그리고 직원들에게 이러한 핵심 가치를 전달하기 위해 미디어를 제작하고, 모든 내부 플랫폼을 통해 배포했다. 또 임원들과 고위 경영진은 소셜 네트워크를 통해 직원들과 함께 지속적으로 소통했다. 변화의 규모와 이에 따른 고객의 혜택에 대해 설명하고, 업무 규정을 향상할 방법을 논의하면서 직원들의 피드백과 아이디어를 얻고자 했다.

대규모로 조직의 공감대를 이끌어내는 것은 꾸준한 노력을 통해 이루어야 할 과제다. 그러기 위해서는 리더들이 새로운 비전을 대표하도록 장려해야 한다. 리더가 가장 중요한 의사결정에 대한 롤 모델 역할을 함으로써 디지털 혁신에 영향을 미칠 수 있다. 또 변화를 현실로 구현하기 위해 위험을 감수할 준비가 되어 있는 옹호자들을 초기부터 파악하고 참여시켜야 한다. 이를 확산할 디지털 불씨를 육성하는 것도 중요하다.

다음은 디지털이 어떻게 가시적으로 비즈니스를 향상할 수 있는지 초기부터 신속하게 보여줄 수 있는 성공 사례를 찾는 것이다. 처음부터 말보다는 행동으로 보여주는 것이 좋다. 단기 성공 과제는 지지자들에게 동기를 부여하고 반대자들을 침묵하게 하는 데 도움이 된다.

직원들의 공감대를 이끌어내는 데 성공했다면, 이제는 새로운 업무 방식을 기업 문화로 정착시켜야 한다. 업무 규정과 문화를 바꾸기 위해서는 많은 변화가 필요한데, 이때 직관보다는 데이터와 애널리틱스에 기반을 두고 진행하자. 이렇게 하면 소셜 테크놀로지를 활용해 전 세계 수십억 고객의 생생한 목소리뿐 아니라 내부 직원들의 불만을 실시간으로 파악할 수 있다. 물론 판도라의 상자를 열 수도, 복잡한 문제가 드러날 수도 있을 것이다. 그러나 중요한 것은 이러한 이슈가 존재한다는 사실이며 대화를 통해 개선할 여지가 있다는 점이다.

급변하는 환경에서는 내부 자원만 가지고는 목표를 달성하기가 힘들다. 융합과 공유가 진행되면서 프리랜서로 일하는 외부 전문가가 늘어나고 있다. 인력뿐 아니라 고가의 장비도 테크숍 등을 활용해 저렴한 비용으로 사용할 수 있게 되었다. 또 전문적인 크라우드와 커뮤니티를 통해 아이디어 단계부터 고객의 취향을 충족시킬 수 있다. 이러한 환경 변화 때문에 설립한 지 얼마 안 된 신생 기업이 대기업과 경쟁할 수 있게 되었다.

직원들이 이와 같은 디지털 도구와 인력을 원활하게 받아들일 수 있도록 일방적으로 지시하지 말고 직원들에게 선택권을 부여해야 한다. 롤 모델, 게임화, 보상을 비롯한 여러 방법을 활용하면 좋은 영향을 미칠 수 있다. 또 채택 프로그램이 제대로 실행되면 기업 내 정보 지연을 최소화할 수 있다. 기술 변화 속도가 점차 빨라지면서 '빨리 실패하고, 적은 비용으로 실패하고, 종종 실패하라'는 말은 디지털 기술을 채택하는 데 상당히 적절한 표현이 되고 있다.

안정된 디지털 플랫폼 구축하기

기하급수적 기업으로 성장하기 위해 일하는 문화까지 바꾸는 노력을 기울였다면, 이러한 프로세스를 유지할 방법에 '디테일'을 더해야 한다. 먼저 회사 내에 안정된 디지털 플랫폼을 구축해야 한다. 디지털 플랫폼은 일관된 비즈니스 프로세스의 집합이다. 이를 뒷받침하는 인프라, 애플리케이션, 데이터를 통해 제품과 서비스의 품질을 예측할 수 있다. 훌륭한 디지털 플랫폼은 비즈니스 프로세스의 효율성을 높이고 위험을 낮추며 조직의 민첩성을 높인다.

최종적으로 선순환 프로세스가 진행될 수 있도록 회사 내 인센티브와 보상을 조직의 기하급수적 목표와 연계해야 한다. 금전적 보상뿐 아니라 지위, 평판, 인정 등 무형의 인센티브는 직원들의 의욕과 생산성을 향상시키고, 궁극적으로도 목표를 달성할 수 있게 해주는 훌륭한 경영 관리 수단이 된다.

이러한 보상 범위는 기업 밖으로 확대하는 것이 바람직하다. 공급 업체, 파트너, 고객 등이 이에 해당한다. 사람들의 행동을 변화시켜야만 궁극적으로 조직 문화가 변화되며, 보상은 그들의 행동을 바꾸는 데 기여할 수 있다.

쓰나미처럼 밀려오는 4차 산업혁명의 파고를 바라만 볼 것인가? 이러한 대변혁에 대비하는 최상의 방법이자 유일한 방법은 지금 당장 디지털 나침반을 이용해 기하급수적 기업으로 변신하는 것이다.

디지털
트랜스포메이션이
일하는 방법을
바꾼다

오늘날 전 세계 기업들은 디지
털 트랜스포메이션을 추진 중이거나 계획 중이다. 기하급수
기업으로 성공적으로 변신하기 위해서는 적절한 기술의 선택
과 최고의 인재를 채용하는 것만으로는 부족하다. 이러한 변
혁에 부합하는 자율적이고 기민한 기업 문화를 구축하고 타
기업과 협력해야만 한다. 중요한 사실은 이미 다른 기업보다
더 성공적으로 변혁을 추진한 기업이 존재한다는 것이다.

디지털
트랜스포메이션을
바라보는
글로벌 기업의 시각

후지쯔가 실시한 '디지털 트랜스포메이션에 대한 기업의 태도' 설문 조사는 전 세계 1,625개 기업 리더의 생각을 알려준다. 이것을 통해 한국 기업의 현주소와 경쟁에서 앞서 나가기 위한 방법을 배울 수 있을지도 모른다.

이 조사는 2017년 7월에 시장조사 업체 센서스와이드Censuswide가 진행했다. 응답자는 중국, 프랑스, 독일, 이탈리아, 일본, 스페인, 영국, 미국, 호주 등에서 선정했고, 그 외에도 핀란드, 홍콩, 아일랜드, 싱가포르, 스웨덴 출신 기업가도 소수지만 참여했다.

이들은 공공 부문, 금융, 유통, 제조, ICT 등 다양한 산업 분야 중견 및 대기업 중역으로, 이미 디지털 트랜스포메이션 프로젝트를 진행했거나 이에 관심을 갖고 있는 이들 중에서 선정했다. 이 설문 결과를 통해 디지털 트랜스포메이션을 주도하는 원동력은 무엇인지, 성공을 위한 핵심 요소는 무엇인지, 그리고 국가마다 이에 대한 태도가 어떻게 다른지 등을 알 수 있다.

조사 결과를 살펴보면 전체 기업 중 46%는 이미 하나 이상의 디지털 트랜스포메이션 프로젝트를 완수하고 원하는 결과를 얻은 경험이 있었다. 또 다른 29%는 현재 프로젝트가 진행 중이라 답했고, 18%는 개념 증명 단계라고 답했다. 디지털 트랜스포메이션과 관련해 그 어떤 시도도 하지 않았다고 답한 기업은 8%에 불과했다.

3년 전까지만 해도 전체 비즈니스 리더 중 70%가 디지털 트랜스포메이션을 도박에 가까운 것으로 여겼고, 30%은 이에 지나치게 많은 시간과 돈을 투자하는 것은 아닐지 걱정된다고 답했다. 그러나 이제 이러한 의심은 찾아보기 힘들며, 대부분이 적극적으로 디지털 트랜스포메이션에 투자하고 있다. 개중에는 벌써 투자 성과를 낸 곳도 있었다.

디지털
트랜스포메이션을
바라보는
한국 기업의 시각

그렇다면 국내 기업들의 디지털 트랜스포메이션 현황은 어떨까? 일부 대기업을 제외하면 의지는 있지만 무엇을 어떻게 해야 할지 모르며, 전략이 없는 상황이다. 2020년이면 나라와 분야를 막론하고 기업이 디지털 포식자가 될지, 희생자가 될지 판가름 난다고 하는데, 한국 기업은 디지털 대전환의 파고를 견뎌낼 수 있을까?

현실은 아직 동트기 전의 여명과 비슷하다. '4차 산업혁명의 원유'로 비유되는 데이터의 관점에서 볼 때, 한국의 디지털 트랜스포메이션을 주도하는 대기업 역시 아직은 미미한 수준이다. 이는 구체적인 수치를 보면 더욱 명확하다.

글로벌 금융 기업 UBS가 발표한 자료에 따르면, 디지털 트랜스포메이션을 준비하는 국가별 순위에서 한국은 대만보다 뒤진 25위를 기록했다. 한국 기업의 대다수는 디지털 트랜스포메이션에 대해 내부 공감대를 형성하는 중이거나(36%), 디지털 트랜스포메이션이 무엇인지 학습하는 단계(25%)에 머물고 있다. 또 44%는 디지털 트랜스포메이션을 담당하는 부서가 없다고 답했으며, 자신의 기업에 명확한 역할을 담당하는 최고 디지털 책임자가 있다고 답한 비율은 3%에 지나지 않는다.

한국정보산업연합회의 국내 기업 임직원 100명을 대상으로 한 '국내 기업의 디지털 트랜스포메이션 인식 조사' 보고서 (2017.10)에 따르면, 국내 기업들은 디지털 트랜스포메이션을 잘 알고 있다. 또 이것이 향후 비즈니스에 영향을 미칠 것으로 전망하지만, 실질적인 준비는 미흡한 것으로 나타났다. 현재 처한 단계를 묻는 질문에는 '준비기'라고 응답한 비율이 46%로 가장 많았으며 '도입기(29%)'가 그 뒤를 이었다. '무관심'이란 응답도 17%에 달했다.

국내 기업들은 디지털 트랜스포메이션 추진 시기를 향후 3년 내로 보는 것으로 나타났다. 응답자의 36%가 '향후 3년 내'라고 응답했고, '향후 1년 내(24%)', '현재 진행 중(14%)' 순으로 응답해 현재부터 향후 3년간이 디지털 트랜스포메이션 추진을 위한 적기로 판단하는 것으로 나타났다.

추진을 주도하는 부서로는 'IT 기획·운영'이 46%로 가장 많았고 '경영 지원·혁신(23%)', 'R&D(15%)', '기타(10%)', '마케팅(6%)' 순으로 나타났다. 이를 통해 IT 담당 부서가 디지털 트랜스포메이션 추진 핵심 부서로 인식된다는 사실을 엿볼 수 있다.

추진 목적에 대해서는 '비즈니스 모델 확대'라는 답이 가장 많았으며 '고객 경험·커뮤니케이션 혁신', '프로세스 운영 혁신', '제조 공정의 스마트화', '기업 조직 문화 개선' 순으로 응답해 디지털 트랜스포메이션을 통한 비즈니스 확대에 큰 관심을 가지고 있는 것으로 나타났다.

한편 디지털 트랜스포메이션을 추진하며 기대하는 효과는 '신성장 동력 확보'가 45%로 가장 많았으며 '매출 증대(23%)', '고객 만족도 증대(19%)', '비용 절감(12%)' 순으로 나타났다. 추진 시 비즈니스에 영향을 미치는 기술에 대해 '빅데이터'를 가장 많이 꼽았으며 인공지능, 사물 인터넷, 클라우드, 머신러닝 등의 순으로 나타나 데이터 관련 기술을 디지털 트랜스포메이션을 주도할 핵심 디지털 기술로 인식하고 있음을 보여주었다.

마지막으로 인식 제고와 확산을 위해 필요한 정부의 정책적 지원에 대해서는 '규제 및 법률 정비'라는 답이 55%로 가장 많았고, '연구 개발 지원(22%)', '컨설팅 및 교육 제공(12%)', '전문 인력 확보 지원(11%)' 순으로 나타났다

    이렇듯 한국 기업들은 4차 산업혁명의 파고 속에서 변화에 대한 요구는 가지고 있으나 '무엇을 어떻게 실행해야 하는가'에 대해서는 일부 대기업을 제외하고는 막연해하는 실정이다. 이미 추진하고 있는 일부 기업 역시 디지털 기술을 도입해 마케팅, 제조, 신제품 등에 활용하고 있지만, 일하는 방법의 변화를 통해 기하급수 기업으로 탈바꿈하는 데는 아직 역부족이다. 그러면 지금부터는 한국의 대표적인 제조, 유틸리티, 금융, IT 기업이 디지털 트랜스포메이션을 어떻게 추구하고 있는지 살펴볼 것이다.

변화를
찾아 나선
한국
기업들

제조업 부문

제조업은 대한민국 경제 발전을 견인해온 성장 동력이다. 그 때문에 제조업 경쟁력이 국가 경제에 미치는 영향이 매우 크다. 외환 위기를 거치면서 제조업의 GDP 대비 부가가치 비중이 31%까지 확대되었는데, 국가 경제에서 차지하는 비중이 세계에서 가장 높다.

원가 상승과 대외 환경 변화로 기존 대기업과 수출 산업 중심의 제조업 성장 방식은 한계에 다다랐다. 경영 성과 또한 나날이 나빠지는 추세다. 2012년 이후 국내 제조 기업의 경영 성과는 급격하게 하락한 반면, 미국과 일본 기업은 상승세로 돌아섰다. 미국과 일본 기업들이 정체 위기를 극복한 비결은 무엇일까?

제조업의 위기, 스마트 팩토리가 해법이다

그 답은 바로 '스마트 팩토리smart factory'에 있다. 제조업과 IT의 융합으로 탄생한 스마트 팩토리는 생산 방식의 패러다임을 바꾸며 제조업이 재도약하는 데 핵심적 역할을 하는 요소로 부각되고 있다. 양적 투입 위주의 성장을 극복하고 부가가치를 올리기 위해서는 제조업과 IT, 서비스를 융합한 스마트 팩토리가 반드시 필요하다. 기하급수적 기업으로의 변신은 스마트 팩토리를 통해 비즈니스가 데이터 중심으로 일어나고, 제품 판매보다는 서비스 판매로 중심이 바뀔 때 가능해진다.

최근 들어 국내 기업들이 유행처럼 스마트 팩토리를 도입하고 있지만, 미국이나 독일, 일본 등 선두 주자와 비교하면 갈 길이 멀다. 한국과학기술기획평가원에 따르면, 미국을 100

으로 봤을 때 한국의 스마트 팩토리 기술 수준은 70.5에 불과하다. EU(86.8), 일본(81.9)에 비해서도 한참 뒤처진다. 국내 생산 설비와 네트워크 기술은 뛰어나지만 다양한 센서와 전자 태그FRID 등 관련 핵심 기술은 글로벌 기업에 비해 상당히 뒤떨어져 있다. 선진국과 비교하면 한국이 약 3년 정도 뒤처져 있는 상황이다.

스마트 팩토리는 선택이 아닌 생존의 싸움이다. 이제 국내 제조업도 단순한 무인 자동화가 아닌 지능화 수준의 스마트 팩토리를 구축해야 하며, 중소기업부터 스마트 팩토리 환경을 구축해야 국내 제조업의 경쟁력을 높일 수 있다.

이때 명심해야 할 사실이 있다. 스마트 팩토리는 기성복이 아니라는 것이다. 독일과 미국이 글로벌 표준화를 주도하고 있지만, 한국의 주력 제조업과 기술, 사업 역량, 기업 간 구조의 특성을 감안해 체질에 맞는 스마트 팩토리를 만들어야 한다. 유행에 휩쓸리지 말고 다양한 대안을 면밀히 검토해야 한다. 또 자사의 공장을 100% 이해하는 데서 시작할 필요가 있다. 비효율성의 원천을 찾고 자사 공장의 특성을 파악해야 스마트 팩토리를 자력으로 만들 수 있다.

다행히 스마트 팩토리를 추진하는 국내 일부 기업들은 자신들의 시장, 제품, 공정 특성에 맞는 전략을 도입하고 있다. 무엇보다 한국은 전자·자동차·조선·화학·철강 등 제조업 기반이 강하다. 개념 설계 역량이나 사업 모델 구상 능력은 부족하나, 제조 전반에 걸친 통합 역량은 우수하다. 또 소품종 대량생산에서 뛰어난 공정 관리 능력과 압도적인 양산 능력을 갖춘 것도 강점이다. 국내 기업들에 다음과 같은 5단계로 추진 방안을 제시할 수 있다.

· 1단계 : 현재 수준 진단
· 2단계 : 목표 설정
· 3단계 : 로드맵 수립
· 4단계 : 액션플랜 수립
· 5단계 : 스마트 팩토리 구현

그럼 지금부터 국내에서 스마트 팩토리를 모범적으로 추진하는 기업의 사례를 알아보자.

LS산전

스마트 팩토리 원천 기술에 관련해서는 LS산전이 국내 기업 중 유일하게 관련 소프트웨어와 하드웨어 기술을 모두 확보해 사업화하고 있다. 현재 LS산전의 청주 1사업장 G동에 스마트 팩토리를 구축했다.

G동은 LS산전의 주력 제품인 저압 차단기와 개폐기를 생산하는 곳으로 부품 공급부터 조립, 시험, 포장 등 전 라인에 걸쳐 자동화 시스템을 구현했다. 스마트 팩토리는 수요 예측 시스템인 APS를 적용한 유연 생산 시스템으로 운영한다. APS는 주문부터 생산 계획, 자재 발주까지 자동 생산 관리가 가능한 유연 생산 방식으로, 생산 라인에 적용해 조립, 검사, 포장 등 전 공정의 자동화를 구현하고 있다.

이를 위해 LS산전은 지난 2011년부터 약 4년간 200억 원이상의 투자를 통해 단계적으로 스마트 팩토리를 구축해왔다. 현재는 ICT와 자동화 기술을 접목해 다품종 대량생산은 물론, 맞춤형 다품종 소량 생산도 가능한 시스템의 변혁을 구현하고 있다.

스마트 공장 구축을 통한 성과는 기대 이상이었다. 생산성 측면에서는 설비 대기 시간이 절반으로 줄었고, 생산성은 60% 이상 향상됐다. 저압 기기 라인의 경우 38개 품목의 1일 생산량이 기존 7,500대 수준에서 2만 대로 확대되면서 생산 효율이 대폭 개선됐다. 에너지 사용량 역시 60% 이상 절감됐으며, 불량률도 글로벌 스마트 공장 수준인 6PPM_{Part Per Million, 1/100만을 나타내는 단위}으로 급감했다. 필요한 작업자 수도 라인당 절반으로 줄어 신규 사업 라인으로 재배치하는 등 경영 효율성 향상에도 크게 기여하고 있다.

자동화 단계 이후 팩토리의 지능화를 이루기기 위해서는 사이버 물리 시스템_{CPS}과 사물 인터넷을 지속적으로 도입하고 시뮬레이션 분석에 의한 생산 시스템을 최적화해야 한다. LS산전은 이를 통해 스마트 팩토리의 매출을 본격적으로 반영할 예정이며, 스마트 팩토리 솔루션을 통해 주력 사업의 점유율을 높여 시장 지배력을 강화할 수 있을 것으로 기대된다.

포스코

포스코는 회장의 주도 아래 GE의 스마트 팩토리 플랫폼인 프레딕스_{Predix}를 벤치마킹한 포스프레임_{PosFrame}을 내놓았다. 포스프레임은 2015년 포스코 광양제철소를 거쳐 향후 포스코 전 공장에 적용했을 뿐 아니라, 플랫폼 사업 전개까지 염두에 두고 있다.

지난 2015년 5월 광양제철소 후판(선박 등을 만드는 데 주로 쓰는 두께 6mm 이상 철판) 공장을 스마트 팩토리 시범 공장으로 선정하고, 이를 추진하기 위한 태스크포스 팀을 구성했다. 이후 약 3개월간의 준비 기간을 거친 뒤 그해 7월부터 스마트화에 본격 돌입했다.

스마트화를 선언한 직후 포스코는 광양제철소 후판 공장 곳곳에 사물 인터넷 센서와 카메라를 설치했다. 스마트 팩토리 근간이 되는 데이터를 모으기 위해서다. 이 과정에서 매일 1테라바이트가 넘는 데이터가 축적된다. 용광로에서 만든 쇳물 불순물을 없애는 제강 공정에선 하루에 데이터 500만 개가 생성된다. 액체 상태인 용강을 고체로 만드는 연주 공정에선 7,000만 개, 고체 상태인 반제품을 강판으로 만드는 압연 공정에선 무려 300억 개나 모인다.

포스코는 이렇게 축적한 데이터를 포스프레임을 이용해 저장하고 분석한다. 데이터 분석 기능을 활용하면 불량품이 나왔을 때 원인을 빠르고 정확하게 파악할 수 있다. 뿐만 아니라 재발을 방지하는 것도 가능하다. 실시간으로 데이터를 수집·분석하는 만큼 불량 제품이 후공정으로 넘어가는 것도 막을 수 있다.

빅데이터와 IoT 활용 효과는 숫자로 나타나고 있다. 우선 스마트 팩토리를 도입하기 전인 2015년 상반기에 비해 품질 부적합률이 20% 줄었다. 비용도 눈에 띄게 감소했다. 스마트 센서를 활용해 설비 상태를 실시간 모니터링하는 등 운영 효율성을 높인 결과 2017년에는 비용을 51억 원가량 절감했다.

예상치 못한 일로 설비를 중단하는 사례도 줄어 설비 가동률도 높아졌다. 육안으로 확인하고 판단하던 작업을, 이제는 빅데이터 시스템에 기반해 의사 결정을 내리는 방식에 의존하면서 더욱 안전하고 효율적으로 근무할 수 있게 된 것이다.

두산중공업

두산중공업은 2013년부터 진행 단계를 크게 4단계로 나누어 디지털 트랜스포메이션을 실시해왔다. 첫 단계는 디지털 어젠다digital agenda 를 수립하는 것으로, CEO가 디지털화에 대한 의지를 표명하며 어젠다를 지속적으로 관리했다.

두 번째 단계는 디지털 트랜스포메이션을 추진하기 위한 디지털 인력의 확충이다. 두산중공업에서는 소프트웨어 아키텍처, 소프트웨어 엔지니어, 데이터 사이언티스트, 인공지능 전문가를 영입해 팀을 만들었다. 일하는 환경도 매우 중요하기 때문에 스타트업처럼 만들었다.

세 번째 단계는 준비 단계라고 할 수 있는 '디지털 레디ready'다. 기업 내 모든 임직원이 디지털에 대한 경험이 없기 때문에 이를 위한 준비 단계를 진행했다.

이런 과정을 거쳐 두산중공업은 2017년부터 본격적인 디지털 트랜스포메이션을 시작했다. 이를 위해 디지털 솔루션을 기반으로 한 서비스 비즈니스도 별도로 만들었다. 디지털 솔루션만 추구하기보다는, 엔지니어링 지식과 경험을 연결했을 때 더욱 가치 있고 효과가 크다는 사실을 발견했다.

그 결과 데이터를 저장하고 활용할 수 있는 데이터 인프라 구조를 만들었고, 그것을 기반으로 각각의 영역에서 데이터 분석 과정을 수행해 성과를 냈다. 현재는 스마트 팩토리 도입을 추진 중인데, 공장 안에서 통합 생산 관리 시스템MES을 활용해 좀 더 개선할 수 있는 부분까지 분석했다. 구매 데이터에 적용한 것은 물론, 특히 품질과 관련해서는 테스트 후 어느 공정, 어느 시점에 결함이 많이 발생하는지 찾아낼 수 있도록 했다.

그다음 단계에서 구축한 것이 바로 소프트웨어다. 소프트웨어를 만들기 전에 차별화할 수 있는 기술을 제공하기 위해 머신 러닝을 적용했다. 머신 러닝이 쓰이는 영역은 크게 두 가지다. 하나는 인식 영역, 다른 하나는 예측 영역이다. 두산중공업처럼 큰 기계를 만드는 회사라면, 기계를 운용하면서 생성되는 데이터를 가지고 머신 러닝 알고리즘을 효과적으로 활용해 미래를 예측할 수 있다.

특히 두산중공업에서 만든 프리비전PreVision은 기계의 운전 상태를 보고 언제 고장이 날지 예측할 수 있는 조기 경보 솔루션이다. 파트너 고객사와 함께 현장에 설치해 테스트를 진행하고 있는데, 중요 고객군인 발전소의 사례를 보자.

발전소에서 쓰는 보일러에는 상당히 많은 튜브가 들어 있다. 이 튜브에 물을 끓여 스팀을 만들어 전기를 생산한다. 터빈이나 발전기는 회전기이기 때문에 유체 역학을 활용해 문제를 해결할 수 있지만, 보일러 내부에 있는 튜브는 메탈로 이루어져 물이 지나고 스팀으로 바뀌면서 녹이 슨다.

녹이 슬고 산화가 되면 물리적 구조에 결함이 생긴다. 녹슨

잔여물이 튜브에 쌓이면 보일러가 막혀 튜브가 터지거나 정지되는 현상이 발생한다. 그동안에는 이에 대한 해결책이 없었는데, 데이터와 모니터를 통해 스팀이 흘러가는 양을 측정하는 것은 물론, 녹 때문에 튜브가 막혔다는 것을 알 수 있다. 그런데 녹이 발생하는 양을 정확하게 계산하고 녹을 제거하는 방법에 대한 노하우는 고객사에 있다. 결국 솔루션 업체와 파트너 고객사의 노하우가 합쳐져야만 디지털 솔루션을 완성할 수 있다는 말이다.

중소기업들

스마트 팩토리 도입으로 효과를 본 것이 대기업뿐만은 아니다. 자동차 전구용 필라멘트 생산업체인 새한텅스텐은 스마트 팩토리를 도입해 글로벌 조명 빅3 업체인 필립스, 오스람, GE에 모두 부품을 공급하는 알짜 기업으로 거듭났다. 2014년에는 실시간 MES와 ERP 시스템을 도입하고 정밀 비전 시스템까지 구축하면서 효과를 톡톡히 보고 있다.

필라멘트를 제조할 때는 1시간 간격으로 공정을 검사해 원하는 형상인지 확인해야 한다. 종전에는 크기가 워낙 작아 사람이 이를 디지털 투영기에 올려놓고 확대해서 봐야 하는 번거로움이 있었다. 게다가 필라멘트 길이와 코일 턴 수, 간격 등 15가지 검사 항목 측정값이 나오면 작업자가 기록지에 일일이 적어야 했다. 항목별 숫자를 수기로 입력하다 보니 시간이 오래 걸리고 오류도 잦았다. 하지만 정밀 비전 시스템을 도입한 이후에는 이런 불편이 사라졌다.

카메라 장치에 필라멘트를 올려놓으면 카메라가 촬영하는 순간 항목별 측정값이 MES에 자동으로 연동돼 정확성을 높인다. 각종 검사를 사람이 아닌 카메라가 대신하는 공정 검사 입력 자동화 덕분에 5분 걸리던 검사 시간이 30초로 대폭 단축됐다. 핵심은 작업자가 일일이 수기로 하던 기록을 스마트폰 앱을 활용한 경영 정보 시스템으로 대신하면서 작업 환경이 혁신된 것이다. 이처럼 인터페이스의 확장 및 혁신을 통해 내부 운영 프로세스를 편리하고 간결하게 만드는 것이 중요하다.

태광실업, 화승, 트렉스타 등 전통적인 신발 제조 기업은 디지털 전환을 위한 공정 혁신에 힘쓰고 있다. 과거 신발은 재단, 재봉, 제조를 각각 다른 공장에서 처리했지만, 지금은 자동화된 한 라인에서 처리한다. 신발 전용 3D CAD·CAM 소프트웨어로 발 모양 틀, 위 갑피, 바닥 판을 통합해 설계하고, 패턴 배열 최적화 알고리즘으로 갑피 자재를 절감한다. 3D 프린터를 사용해 30~50일 걸리던 시제품 제작 기간을 1~2일로 단축했고, 투입 인력도 12명에서 2명으로 줄였다.

제품 생산에서도 컴퓨터 재단·재봉, 센서·로봇을 활용해 33단계 조립 공정을 14단계로, 16단계 재봉 공정을 3단계로 각각 단축함으로써 23일 걸리던 공정을 12일로 단축했다. 사물 인터넷과 인공지능 기반의 알고리즘을 활용하고, 대시보드 기반의 프로세스 관리를 통해 혁신이 가능해진 것이다.

스마트 팩토리는 디지털 기술을 제조에 접목한 대표적 사례이며, 자동화를 넘어 인공지능을 통해 훨씬 적은 인력으로 더 빠르고 정확하게 공장을 운영할 수 있다. 게다가 공장 가동에 필요한 에너지 비용도 30% 이상 절감된다.

기하급수 기업으로 도약하기 위해서는 제조 공장만 스마트하게 운영해서는 부족하다. SCM 공급망 관리 전반에 걸쳐 혁신을 이루어야 한다. 이를 위해서는 다양한 알고리즘의 활용뿐 아니라 대시보드를 적극 활용해 전 직원이 목표를 향해 일사불란하게 나아가야 한다.

에너지 사업 부문

한국전력공사

4차 산업혁명이 과거 산업혁명과 차별화되는 점은 자동화를 넘어 융합을 통한 지능화, 그리고 융합을 확장하는 연결이 존재하며, 그에 따른 영향과 변화 속도가 전례 없이 크고 빠르다는 점이다.

전력 산업 또한 예외가 될 수 없다. 기존의 '발전-송배전-판매'에서 전력 사업과 이종 사업 간 융합 역량을 발휘할 수 있는 통합적 사업 구조, 즉 플랫폼 중심 체제로 변해야 한다. 나아가 기존에 전기만 수송하던 전력망에서, 전기와 정보를 동시에 수송하는 에너지 인터넷으로 변화하고 있다. 지구촌 어딘가는 소비자가 태양광으로 낮에 생산한 전기를 배터리에 저장해뒀다가 밤에 활용하거나, 전기 자동차 배터리에 저장된 전력을 다시 공급받는 것과 같은 시스템을 바탕으로 에너지 생산과 공급을 함께 하는 '프로슈머'로 변신하고 있다.

이런 상황에서 한국전력공사KEPCO, 이하 한전는 이런 글로벌 에너지 시장에서 일고 있는 변화의 물결 앞에서 지속 가능한 성장을 이루며 미래 시장을 주도하기 위해 변화를 통한 새로운 모습을 그려왔다. 한전의 발자취를 돌아보면 1960년까지 국가 전력 인프라를 구축하며 국가 동력을 확보한 시기를 'KEPCO 1.0' 시대라 할 수 있다. 한국전력공사 체제로 통합되며 본격적인 산업화를 견인한 2000년까지의 시대는 'KEPCO 2.0', 2001년 이후 컴퓨터 기반의 전력 설비 자동화를 통해 설비 효율을 향상시키며 세계 최고의 전력 품질을 달성한 시기는 'KEPCO 3.0' 시기에 해당한다.

한편 'KEPCO 4.0'은 지금까지 이루어온 성과를 바탕으로 4차 산업혁명 시대를 융합과 개방, 연결을 통한 차세대 유틸리티 위상을 확립하기 위한 계획이다. 4차 산업혁명이 제조업과 ICT가 융합해야 새로운 가치를 창출할 수 있다는 점에서, 한전은 세계 최고의 전력 품질과 인프라를 바탕으로 ICT를 융합해 다양한 에너지 서비스를 제공할 계획이다.

이와 같은 사업 역량을 바탕으로 4차 산업혁명 선제적 대응을 위한 '디지털 KEPCO'를 추진하고, 다가올 시대적 과제를 풀어나가기 위한 준비를 하고 있다. 우선 전력 에너지 분야 주도를 위한 KEPCO 4.0 프로젝트를 추진 중이다.

KEPCO 4.0 프로젝트는 한전의 강점인 네트워크 및 빅데이터 인프라와 최고 수준의 계통 운영 기술력에 ICT 기술을 융합해 새로운 비즈니스 생태계를 구축하는 프로젝트다. 아울러 미래 먹거리를 창출해 국가의 4차 산업혁명 발전을 선도하기 위한 것이기도 하다. 전력 사업과 IoT, 인공지능, 빅데이터, 로보틱스 등을 접목하면서 공기업 변혁을 선도하고 있다.

한전이 운영하는 전력 빅데이터는 연간 3.3조 건이 넘는다. 900만 개의 전신주는 이동통신 사업자 입장에서 보면 기지국에 해당하고, 이를 기반으로 사물 인터넷 인프라를 조기에 구축하는 것은 어렵지 않은 일이다. 한전이 전력과 정보통신 기술을 융합한 전기차, 에너지 저장 장치, 에너지 관리 시스템 등 융합형 신사업을 추진할 역량을 보유하고 있다는 의미다. 4차 산업혁명 시대에 플랫폼 기반의 연결형 서비스를 제공하는 디지털 유틸리티 기업으로 전환하려는 것이다.

전력 에너지 분야에서 새로운 산업혁명을 주도하기 위한 사내 컨트롤 전담 부서로 'KEPCO 4.0 추진 TF'를 신설하고 본사 및 사업소의 우수 인력을 배치해 디지털 KEPCO 추진 전략을 차질 없이 실행해나가고 있다. 전담 부서는 전력 에너지 분야 4차 산업혁명 정책 수립 및 조정, 4차 산업혁명 관련 법·제도 개선 및 대외 정책 대응, 전력 ICT 융·복합 비즈 모델 개발 및 시범 사업 추진 등을 임무로 삼는다.

이에 따라 한전은 2019년까지 핵심 기술을 개발하기 위해 노력하고 있다. KEPCO 4.0으로 대전환기를 맞는 2020년 이후에는 새로운 비즈니스 모델을 창출할 것으로 전망한다. 이를 위해서는 사물 인터넷, 빅데이터, 인공지능 기반의 알고리즘을 활용해 에너지 신사업 아이템에 체계적으로 적용해야 한다.

이렇게 디지털 역량을 구축해나가면서 한편으로는 일하는 방법의 혁신도 꾀해야 한다. 어떻게 외부 자원을 효율적으로 활용할지, 방대한 조직을 어떻게 스타트업 회사 수준으로 기민하게 움직일지가 관건이다. 외부 활용은 외부의 인적·물적 자원을 적극 소싱해 에너지 산업 분야의 일자리 확충에 기여하는 것은 물론, 나주-광주 지역에 글로벌 에너지 벨트를 구현하겠다는 입장이다.

변화에 빠르게 대처하는 신생 기업과 경쟁하기 위해서는 전통적으로 보수 색채가 강한 조직 문화를 혁신해 보다 유연한 조직으로 거듭날 필요가 있다. 직원들에게 적극적으로 자율적 권한을 부여하는 것이다. 이것이 성공한다면 4차 산업혁명을 적극 주도하는 대표 공기업으로서 책무를 다함과 동시에 글로벌 스마트 에너지 산업의 절대 강자로 도약할 것이다.

IT 부문

전통적인 2차 산업 기업들은 현재 최신 ICT 기술 중심으로 사업을 전환하려 애쓰고 있다. 경쟁에서 살아남아야 하기 때문이다. 이를 위해 새로운 사업 모델을 찾고 신규 제품과 서비스를 선보이는데, 이때 주로 언급되는 기술이 빅데이터, 인공지능, 사물 인터넷이다.

출발점은 데이터다. IoT를 추진하는 과정에서 IT업계 관계자들이 가장 뼈저리게 느끼는 문제점은 적절한 데이터가 없다는 것이다. 기존 아날로그 데이터, 문서 등이 있지만, 이를 디지털 데이터로 바꿔야 한다. 문제는 그 작업이 만만찮다는 점이다. 각종 IT 인프라 시설이나 응용 프로그램과 달리 데이터는 수명이 없다. 데이터가 추가될수록 기존 데이터 가치는 더욱 커지고, 빠른 데이터 관리와 분석은 의사 결정의 정확도를 높일 수 있다.

여기서는 대기업의 IT 자회사로 시작해 이제는 4차 산업혁명의 인공지능 기반 솔루션을 제공하는 IT 서비스 3사의 추진 현황을 살펴보자. 핵심은 '누가 의미 있는 빅데이터를 가지고 인공지능으로 고객에게 다양한 가치를 제공할 수 있느냐'다.

SK C&C

SK(주) 내 직속 사업 부서인 SK C&C는 2017년 초 조직을 개편해 디지털 트랜스포메이션 조직을 신설했다. 이를 통해 IT 기술 연구·개발 기능을 강화하기 위해 본부 단위의 연구실을 만들었다. 또 산업별 디지털 트랜스포메이션을 주도할 전담 조직으로 부문별 '디지털 트랜스포메이션 추진 담당'과 '디지털 컨설팅 담당'을 신설했다. 제조, 통신, 금융 등 산업별 전문 지식을 바탕으로 인공지능, 클라우드, 빅데이터를 적용해 산업 전반에 걸쳐 디지털 트랜스포메이션을 본격화한다는 전략이다.

C&C 사업 대표는 이번 조직 개편으로 인공지능·클라우드·빅데이터·ICT 기술 연구 개발을 담당하는 디지털 트랜스포메이션 기술 부문장을 겸임하게 됐다. 이는 사업 대표가 해당 기술과 사업 개발을 직접 지휘함으로써 빠른 변화에 대응

하고 신기술 개발과 보다 빠른 산업 적용을 독려하겠다는 포석이다.

이는 ICT 융합 신기술 개발부터 고객 맞춤형 컨설팅과 서비스 모델 개발 및 적용까지, 고객의 디지털 트랜스포메이션 전 과정을 완벽히 지원하는 토털 솔루션을 사업 대표가 앞장서서 실행하겠다는 강력한 메시지와 같다.

대표적인 성과는 IBM과 협력한 인공지능 플랫폼인 '에이브릴Aibril'이다. 에이브릴은 IBM의 인공지능 '왓슨'의 한국어 버전으로, 출시 3개월 만에 150개 기업으로 확대됐다. 2017년부터 왓슨이 한국어를 습득해 같은 해 9월에 처음 한국어 서비스를 시작했다.

에이브릴의 강점은 개발 편의성이다. 코딩에 관심이 있는 일반인이 쉽게 인공지능 서비스를 개발할 수 있도록 에이브릴의 주요 기능을 API 형태로 제공한다. API는 기업이 크게 품을 들이지 않고도 다양한 서비스를 개발할 수 있는 일종의 프로그램 세트다.

그 때문에 다양한 산업 영역에서 활용할 수 있다는 것도 큰 장점이다. 제조, 의료, 금융, 통신, 유통 등 다양한 분야의 기업이 자사의 사업이나 경영 현장에 맞는 인공지능 서비스를 만들 수 있다. API 이용량에 따라 사용료를 내는 만큼 벤처나 스타트업도 부담 없이 인공지능을 접목한 서비스를 개발할 수 있는 것이 장점이다.

SK C&C는 인공지능 에이브릴을 통해 로봇 시장에도 진출하고 있다. 상품 소개, 매장 안내 등에 활용하는 컨시어지 로봇에 인공지능을 접목하는 형태다. 최근 한국 암웨이와는 에이브릴을 적용한 로봇 서비스 개발 사업 계약을 체결했다. 양사가 개발할 로봇은 안내 로봇이다. 분당에 위치한 암웨이 브랜드 센터에서 에이브릴을 적용한 로봇이 고객들과 대화하며 매장을 안내하는 장면을 연출할 전망이다. 고객이 특정 상품의 매대를 원할 경우 자율주행 기능을 이용해 안내하기도 한다. 로봇 제작은 국내 로봇 개발사인 로보케어가 맡는다.

그동안 로봇은 성능이나 가격 면에서 고객의 기대치에 미치지 못했는데, 최근 딥러닝의 활약으로 지능형 서비스 로봇 시장이 부상하고 있다. 소셜봇 같은 탁상형 로봇뿐 아니라 이동성과 활동성을 추가한 로봇에 대한 수요가 창출될 시기가 눈앞에 다가오고 있다.

LG CNS

LG CNS는 기존 빅데이터 조직을 인공지능이 포함된 'AI 빅데이터 사업 담당'으로 확대 개편함으로써, 4차 산업혁명 기반이 되는 스마트 팩토리 영역을 집중 공략하고 있다. 기존 250명 수준인 빅데이터 조직을 딥러닝 전문가 채용을 통해 400명으로 확대할 계획이다.

현재 빅데이터 기술과 분석 인력을 강화하는 한편, 글로벌 기업이나 국내 유망 스타트업과도 전략적 제휴를 모색하는 등 다양한 사업 협업 방안을 논의 중이다. 이를 통해 AI 빅데이터 사업 담당은 이미지·음성·동작 인식 등의 분야에서 AI 원천 기술을 확보해 LG CNS만의 차별화된 'AI 빅데이터 플랫폼'을 구축했다. 제조 혁신을 추진하는 기업 고객을 대상으로 사업 강화에 초점을 맞추고 있다.

AI 빅데이터 플랫폼은 사용자와 데이터 분석가가 시간과 장소에 구애받지 않고 클라우드 환경에 접속해 원하는 만큼 데이터 공간을 제공받을 수 있다. 플랫폼에서 수집한 데이터 는 딥러닝 기반의 빅데이터 분석을 통해 지능화된 판단·예측 으로 고객의 의사 결정을 지원한다. LG CNS는 AI 빅데이터 플랫폼을 통해 국내 기업의 스마트 팩토리 등 4차 산업혁명의 기반이 되는 제조 혁신을 주도하고, 다양한 신사업을 추진할 수 있도록 지원한다는 계획이다.

한편 LG CNS는 그동안 축적한 제조, 통신, 금융 등 산업별 업무 전문성을 기반으로 B2B·B2C 분야에서 빅데이터 분석 역량을 축적했다. 최근 GS수퍼마켓 100여 개 매장에 전자 가격 표시기ESL 공급 계약을 체결하며 시장 선점에 나섰다.

ESL은 전자종이 기반의 소형 디스플레이 기기다. 사물 인터넷 기술을 활용해 중앙 서버에서 상품 가격 정보를 변경하면, 게이트웨이를 통해 상품 판매대의 ESL에 자동 반영된다. 매장은 가격표 인쇄에 소요되는 각종 비용(종이, 코팅, 프린터 소모품, 디자인 등)을 절감할 수 있을 뿐 아니라, 매장 직원이 수작업으로 가격표를 일일이 교체하는 불편을 없애 업무 시간을 획기적으로 줄일 수 있다.

한편 LG CNS는 금융권 최초로 발주한 빅데이터 구축 사업에도 착수했다. 우리은행의 빅데이터 분석 인프라 사업이 그것이다. LG CNS 빅데이터 플랫폼을 통해 은행 내 대량의 거래 데이터로 고객의 금융 패턴을 발견하고, SNS 등 외부 소셜 빅데이터를 통해 최신 금융 트렌드와 고객의 관심사를 발 빠르게 파악할 수 있다. 또 은행 내부 사용자가 즉시 활용할 수 있는 공용 빅데이터 분석 플랫폼을 구축함으로써 고객 마케팅과 대출 심사 등을 지원하는 효과를 거둘 수 있다. 계획대로만 진행된다면 전통적인 은행도 핀테크 기업에 맞서 언번들링에 대한 공포에서 벗어날 수 있을 것으로 보인다.

삼성SDS

삼성SDS는 블록체인, 인공지능 등 신기술을 활용한 다양한 IT 솔루션과 플랫폼을 발표했다. 서울시 블록체인 사업, 은행연합회 블록체인 사업 등 외부 사업 수주도 활발히 이어가고 있다. 최근에는 데이터 분석 모델링을 인공지능 기반으로 자동 추천하고 최적화해 빅데이터를 손쉽게 처리·분석할 수 있게 해주는 AI 기반 기업용 데이터 통합 분석 플랫폼 '브라이틱스 AI Brightics AI'를 공개했다. 통상 최소 2명 이상의 전문가가 최대 3개월간 분석 모델을 만들어 빅데이터를 분석해야 하지만, 브라이틱스 AI는 최적의 알고리즘 자동 추천 기능으로 일반 현업 사용자도 2시간 이내에 쉽게 분석할 수 있다.

특히 대용량 데이터를 고성능 분산 처리 기술을 활용함으로써 분석에 걸리는 속도를 획기적으로 개선한 것이 장점이다. 수억 건의 데이터를 수집·분석·시각화하기까지 일반적으로 3시간 이상이 걸리던 과정을, 브라이틱스 AI를 활용하면 20배 단축한 10분 이내에 처리가 가능하다.

여기에 업종별 다양한 AI분석 모델을 기반으로 해결책까지 제시하는 처방형 알고리즘을 갖춘 것이 특징이다. 그동안 제조, 마케팅, 물류, 보안, 사물 인터넷, 헬스 분야 등 70여 개 적용 사례를 확보했고, 서비스, 금융 등의 분야로 적극 확대해 나갈 계획이다.

한편 삼성SDS는 제조 공정에도 인공지능 기능을 적용해 사물 인터넷을 통한 설비의 센서 데이터를 수집·분석해 설비 상태를 실시간 진단하는 '넥스플랜트Nexplant' 솔루션을 보유하고 있다. 넥스플랜트는 문제점을 신속하게 파악하고 해결해 효율성을 높이도록 돕는다. AI를 활용해 불량을 일으키는 요인을 손쉽게 파악하고, 해결 우선순위를 추천해줌으로써 엔지니어가 해당 설비 문제를 조치하는 데 큰 도움을 줄 수 있다.

이때 제조 과정에서 발생하는 문제점을 파악하고 해결하기까지 10분 정도 소요된다. 과거에는 최대 12시간 걸리던 것을 생각하면 엄청난 발전이다.

또 혁신 기술로 다양한 산업 분야에서 주목받는 블록체인 기술 경쟁력을 확보하고, 사업 확대에 나서고 있다. 2015년부터 블록체인 기술 개발을 추진해 기업용 블록체인 플랫폼 '넥스레저Nexledger'를 자체 개발하고, 이를 기반으로 디지털 신분증 및 지급 결제 서비스를 선보인 바 있다. 넥스레저는 설계 단계부터 기업 활동에 최적화했다. 그동안 블록체인을 통해 구현하기 어려웠던 실시간 대량 거래 처리, 안전하고 자동화된 스마트 계약, 생태계 전체를 조망하는 관리 모니터링 등을 제공하는 것이 특징이다.

이 밖에 물류에 블록체인을 적용하기 위해 관세청, 해양수산부 등 정부 기관과 현대상선, 고려해운 등 물류업체가 참여한 '해운 물류 블록체인 컨소시엄' 발족을 주도해 실제 수출입 물동 대상 전반에 걸쳐 시범 적용하고 있다.

이처럼 SK C&C, LG CNS, 삼성SDS는 IT 전문 기업답게 인공지능 기반의 새로운 솔루션을 지속적으로 선보이며 다양한 산업군에 비즈니스 모델을 확장하고 있다. 또 외부 기관들과도 적극적으로 협력해 개발 기간을 단축하고 있다. 여기서 한발 더 나아가 기하급수 기업으로 성장하려면 조직 체계에 변화를 주어 기민성을 키워야 한다.

금융업 부문

블록체인 기술을 접목한 디지털 금융이 2018년 금융 시장을 달굴 전망이다. 로봇 어드바이저, 인공지능 기반 챗봇 등 디지털 혁신의 근간을 이루는 IT 신기술에 바탕을 둔 새로운 금융 서비스가 상용화되고 있다.

글로벌 기업들은 이미 챗봇과 음성인식 등을 도입해 고객 접점 채널에 활용하고 있다. 유럽의 보험회사들은 24시간 고객 상담이 가능한 디지털 기술을 도입했는데, 상담원이 아닌 인공지능이 상담을 대신한다. 고객은 채팅으로 말을 걸면 AI는 자연어 처리를 통해 고객의 고충을 인식한다. 아직 AI가 처리하기 어려운 업무의 경우 실제 상담원에게 전달하지만, 어느 시점부터는 상담원의 처리 방법을 습득해 스스로 문제를 해결한다.

국내 기업도 유사한 방식의 서비스를 도입하기 시작했다. GS홈쇼핑은 고객이 상담원과 통화하거나 ARS를 이용하면, 음성을 분석해 문자로 변환하는 시스템을 도입했다. 예를 들어 고객이 ARS를 이용할 때 음성으로 주소를 말하면, 이를 문자로 변환해 상담원의 업무 효율을 높이는 것이다.

뿐만 아니라 통화 내용을 자동으로 카테고리화해 VoC Voice of Customer 분석에 활용하고 있다. 고객을 만나는 접점이라는 측면에서 채널을 디지털화하는 것은 더 이상 간과할 수 없는 과제다.

금융권에서도 디지털 기술 도입을 통한 비즈니스 모델 혁신 바람이 불고 있다. 시장 변화에 민첩한 지불·결제 기업이 등장해 선풍적인 바람을 일으키고, 이에 대항하기 위해 디지털을 기치로 삼아 변화를 보이고 있는 것이다.

하나금융지주

하나금융지주는 그룹 변혁의 기폭제 역할을 수행할 'DT 랩 Digital Transformation Lab'을 신설하고 DT랩 총괄 겸 최고 기술 책임자를 영입했다. DT 랩은 금융에 새로운 기술을 적용하는 중추적 역할을 담당한다. 또 하나금융의 미래 핵심 기술, 특히 그룹이 보유한 방대한 데이터의 다양한 활용과 인공지능 분야에서 세계 최고 수준의 역량을 확보하는 것을 우선 과제로 삼았다.

DT랩은 하나금융의 IT 전문 기업인 '하나금융 티아이' 내

CIC Company In Company 형태의 독립 기업으로 운영된다. 이들은 전통적인 금융권 조직과 차별화된 디지털 혁신을 전담한다. 그룹 내 AI, 빅데이터, 블록체인, IoT, 클라우드 등 미래 핵심 원천 기술 확보, 관계사와의 협업 및 공동 개발도 추진한다. 금융 전문가와 IT 전문가의 융합을 통해 서비스를 상향 표준 화하고 실제 고객을 대상으로 상용화하는 것을 목표로 한다.

KEB하나은행은 디지털 금융 역량 강화와 관련, 디지털 혁 신을 선도하고 미래 신성장 금융 서비스 발굴과 육성을 위해 미래금융 R&D 본부와 미래금융 전략부, 글로벌 디지털 센터 를 신설해 미래금융 그룹의 조직이 더욱 강화됐다. 미래금융 그룹은 기존에는 미래금융사업본부 하나로만 구성되었으나, 이번에 미래금융 R&D 본부가 신설되면서 2개의 본부 체제 가 됐다. 미래금융 R&D 센터 산하에는 미래금융 전략부를 실 행 조직으로 신설했다.

신한금융지주

최고 디지털 책임자를 가장 먼저 임명한 곳은 신한금융지 주다. 신한금융은 디지털 변혁의 성공적 추진을 위해 지주사와 각 그룹사에 최고 디지털 책임자를 임명했다. 지주에선 전략 담당 부사장이, 은행에선 ICT 그룹 겸 디지털 그룹 부행장이 맡고 있다. 신한금융은 'CDO 협의회'를 운영해 그룹 차원의 디지털 부문 사업에 대해 의사 결정을 내리도록 했다. 한편 신한은행은 경영 기획 그룹 내에 디지털 전략 본부를 신설했다. 여러 부서에 흩어져 있는 디지털 관련 업무를 총괄하는 컨트롤 타워 역할을 하게 된다.

올해 조직 개편을 통해 신설한 신한디지털혁신센터를 비롯해 핀테크 스타트업 육성 프로그램 신한퓨처스랩 등 그룹 내 디지털 금융 관련 핵심 조직을 한데 모으고 있다. 물리적으로 조직을 모아 서로의 시너지를 높이려는 차원이다. 이 밖에 그룹 차원의 디지털 혁신 산실인 '신한 디지털캠퍼스'도 최근 출범했다.

KB금융지주

KB금융도 CDO가 데이터분석부, 미래금융부 등을 맡으며 그룹의 디지털 전략을 총괄한다. CDO 혹은 CTO를 두고 디지털 전략에 사활을 건 셈이다. 인공지능, 빅데이터, 블록체인 등 신기술 분야에서 그룹 내 공동 대응 체계를 구축해 디지털 금융 전략 구현 속도를 높일 계획이다.

뿐만 아니라 최근 조직 체계를 '기민한 팀'이란 뜻을 지닌 애자일 스쿼드 조직으로 변혁을 꾀하고 있다. 애자일 스쿼드는 세계 최대 금융그룹인 ING가 방대한 조직이 스타트업 수준의 기민성을 갖추도록 하기 위해 2015년에 시작한 조직 개편의 핵심이다. ING가 벤치마킹 대상을 금융 그룹이 아닌 콘텐츠미디어기업 넷플릭스와 음원 서비스 사업자 스포티파이에서 찾았다는 사실이 흥미롭다.

애자일 스쿼드는 기존 팀별 조직을 핵심 프로젝트 단위로 재편한 것으로, 국민은행은 디지털과 모바일 분야를 중심으로 2017년 처음 도입했다. 변화에 효율적으로 대응하고 고객의 요구를 빠르게 수용하기 위한 전략이다. 기존 미래 채널 그룹을 중심으로 꾸린 이 조직은 고객 전략, 신탁 연금, 기업 투자 금융 그룹까지 빠르게 번져가는 중이다.

모바일 플랫폼인 'KB스타뱅킹' 개선 업무는 물론, 생활 금융 플랫폼인 '리브Liiv' 개선 프로젝트, 현재 은행과 계열사 직원을 대상으로 시범 서비스 중인 대화형 뱅킹 '리브 똑똑Liiv TalkTalk'을 위한 스쿼드도 운영 중이다. 스쿼드는 은행 업무 전반을 이해하는 과장·차장급 리더와 신세대인 대리급을 중심으로 5명 안팎으로 구성되고, 해당 그룹뿐 아니라 다른 그룹의 전문가들도 함께 참여한다.

전문가들이 모인 만큼 가장 큰 경쟁력은 신속함이다. KB 스타뱅킹을 재편하는 데 걸린 시간은 3개월, 리브 똑똑을 개발하는 데는 1.5개월밖에 걸리지 않았다. 기존 1년 가까이 걸리던 프로젝트 기간이 1/10로 단축된 셈이다. 스쿼드는 그룹 대표에 직접 보고하고 바로 추진하기 때문에 속도가 훨씬 빠르다.

위계질서를 없앤 것도 큰 역할을 했다. 스쿼드 내에는 일률적인 보고 체계는 물론, 회의를 위한 서류나 보고서도 없다. 스쿼드 구성원들은 서로의 별명을 부르며 수평적인 관계를 유지한다. 관료 조직을 벗어나니 더욱 큰 성과를 냈다. 새로운 아이디어가 필요하고, 고객 의견 반영이 시급한 분야는 모두 스쿼드를 구성할 계획이며, 보수적인 은행 조직 문화를 걷어내고, 효율성과 고객 신뢰를 함께 높일 수 있는 인프라로 경쟁력을 갖춰가는 중이다.

4차 산업혁명의 파고를 가장 먼저 경험한 분야가 금융권이다. 그러다 보니 핵심적 디지털 기술은 이미 도입했으나 외부 자원 활용과 조직 문화 혁신에는 아직도 미온적이다. 특히 금융권의 경쟁 상대는 테크핀Tech-Fin이라 불리는 예측하기 어려운 친구들이다. ICT에 정통한 이들은 금융권이 아닌 타 산업군에서 출몰하고 있다. 카카오뱅크가 대표적인 사례다.

이제 변화는 선택이 아니라 필수다. 언제 어디서 신생 기업이 등장해 자사의 전유물로만 여겨졌던 사업 아이템을 해체시킬지 모른다. 회사 내에 '튀면 죽는다'란 의식이 팽배하다면 그 기업의 미래는 없다. 기존 금융권의 폐쇄적인 조직 문화를 하루빨리 걷어내고, 도움이 된다면 누구에게든 배우겠다는 열린 자세를 가져야 한다. 이를 위해서는 전 직원의 자발적 참여가 시급하며, 여기에 실패를 용인하고 북돋을 수 있는 열린 문화를 구축해야 한다.

어떻게
살아남을
것인가

    이처럼 다양한 분야의 국내 기업들이 기하급수 기업으로 가기 위해 분주하게 움직이고 있으나, 아직 갈 길이 멀다. 게다가 규제 등에 따른 외부 요인으로 진입 자체가 어렵거나 사업을 추진하는 가운데 막히는 경우도 있다. 최근 정보통신 기술 분야 전문 로펌인 '테크앤로'는 글로벌 100대 스타트업이 한국에서 사업을 한다면 규제 장벽을 경험할 곳이 얼마나 될지 조사했다.

    조사 결과 100곳 가운데 57곳은 규제로 사업에 차질을 빚을 것으로 분석됐다. 우버, 에어비앤비 등 13곳은 한국에서는 아예 금지된 사업이며 44곳은 조건부로만 가능한 것으로 나타났다. 차질을 빚는 분야는 핀테크 등이 포함된 금융 17%, O2O 서비스 17%, 바이오헬스 9%였다. 모두 4차 산업혁명 시대 핵심 산업으로 꼽히는 분야다.

규제로 인한 신사업 진출 차질은 이미 어느 정도 현실로 나타나고 있다. 대한상공회의소가 국내 700여 개 기업을 상대로 설문 조사를 한 결과 47.5%가 '지난 1년 사이에 규제 때문에 사업 추진에 차질을 빚은 적이 있다'고 답했다.

대표적으로 기존 중고차 매매 관행을 역경매 방식에서 디지털로 전환한 '헤이딜러'가 있다. 정부가 온라인 중고차 경매 사업자도 오프라인 중고차 경매 사업자와 동일하게 1,000평의 주차장과 100평 이상의 경매실 등 각종 시설과 인력 조건을 갖추도록 규정하자, 헤이딜러는 순식간에 불법 업체가 되어 수개월간 사실상 영업을 할 수 없었다. 이후 언론 등이 문제를 제기하고 관련 업계의 뭇매를 맞은 법령이 잠정 유예되고 나서야 영업을 재개할 수 있었다.

국내 여객 자동차 운수사업법은 자가용 승용차로 돈을 받고 사람을 태우면 불법이라고 규정한다. 이에 따르면 우버 같은 공유 경제형 사업 모델은 진입 자체가 불가하다. 이와 유사한 이유로 국내 금융과 숙박업 같은 서비스업의 디지털 전환은 경쟁국에 비해 더디게 진행되고 있다는 평가가 나온다. 정부가 창업 활성화를 외치기 전에 새로운 산업에 대한 규제부터 정비해야 한다는 지적이 나오는 이유다.

규제 외에 다른 요인으로 디지털 전환 속도가 더디거나 정체한 사례도 있다. 지난 2012년 동부그룹 계열 동부팜한농이 수출용 토마토를 재배할 온실을 지었다가 농민 단체의 반대로 사업을 접었던 일이나, LG CNS가 새만금 산업 단지에 대규모 스마트 농장 단지를 구축하겠다는 계획을 발표한 직후 각종 농민 단체의 반대로 중단된 사례를 들 수 있다.

'대기업의 농업 진출과 농산물 시장 교란'을 근거로 반대하는 농민 단체와 '미래 농업을 준비하는 상생 R&D'라는 대기업 입장 차이가 커 사업이 원활하게 이루어질지 불투명하다. 세계 농업 시장을 주도하는 네덜란드 '프라바'나 전 세계 연어 생산의 90%를 넘게 독점하는 노르웨어 기업 모두 영세 규모에서 출발했으나 사회적 타협을 통해 규모화와 첨단화에 성공하면서 세계 시장을 선도하고 있음을 기억해야 한다.

최근의 블록체인 사태를 보더라도 대한민국이 글로벌 리더가 될 가능성이 있는 분야는 정부가 앞장서 제도를 검토하고, 많은 기업이 기하급수 기업으로 성장할 수 있는 토양을 조기에 구축해야 한다.

경쟁자는 예상치 못한 분야에서 튀어나온다

최근 3년 사이에 상상 속 기술이 빠르게 상용화되면서 우리 사회에 큰 변혁을 불러일으키고 있다. 특히 인터넷에 연결된 센서의 수가 기하급수적으로 증가해 초연결 사회 진입을 앞두고 있다. ICT, 빅데이터, 인공지능 등은 서로 시너지를 내면서 유례없는 혁신의 시대를 열고 있다.

이러한 기술들은 기업의 조직과 운영 방식에 커다란 영향을 미칠 뿐 아니라 비즈니스 세계의 움직임을 가속화할 것이다. 시간이 지나면서 쓰나미 같은 변화를 경험하겠지만, 누구보다 먼저 이 변화를 경험할 사람들은 바로 기업의 CEO다. 정보통신 기술의 비약적 발전으로 산업 간 경계가 허물어지며 예상치 못한 분야에서 경쟁자가 튀어나오고 있다.

이러한 혼란 속에서 CEO가 내리는 결정은 단순히 기업의 성패뿐 아니라 운명까지 결정하게 될 것이다. 앞으로 디지털 약탈자가 될지, 아니면 디지털 희생양이 될지가 여기서 판가름 난다. 마지막으로 기업이 4차 산업혁명 시대에 살아남기 위해 CEO가 꼭 명심해야 할 핵심 업무 세 가지를 제시한다.

날쌘돌이 조직만이 살아남는다

먼저 '대마불사'라는 자본 집약 시대의 성공 방정식은 잊어야 한다. 예전엔 기업의 몸집을 키우면 불확실성까지 포용해 지속적인 성장이 가능했다. 그러나 지금처럼 예측하기 어렵고 트렌드가 급변하는 상황에서는 오히려 몸집이 커지면 위험에 노출될 확률이 크다. 그렇다고 무작정 직원 수만 줄이는 것은 하수나 하는 일이다. 그보다는 적정 직원 수는 유지하면서 날쌘 조직으로 탈바꿈하는 것이 핵심이다.

방대한 조직을 기민하게 움직이기 위해서는 조직을 잘게 나누고, 충분한 권한과 책임을 부여하는 자율 운영 체계를 도입해야 한다. 팀당 9명 이하 수준으로 운영하면 빠르게 치고 올라오는 스타트업과 속도 경쟁도 할 수 있다. 사회주의 국가의 대표적 관료 기업인 하이얼은 8만 명의 직원을 2,000개의 자율적인 팀으로 조직했다. 각 팀은 성과에 따라 크게 차별화된 보상을 받는다. 덕분에 직원들이 고객의 요구에 기민하게 대응해 가전업계에서는 가장 혁신적이란 평을 받는다.

앞서 말했지만 ING은행은 애자일 모델을 도입했다. 해결해야 할 사안이 있으면 관련된 사람들이 한데 모여 소규모 팀을 만들고, 과제에 집중해 단기간에 문제를 해결하는 조직 운영 방식이다. ING는 부서를 13개로 나누고, 부서당 9명으로 구성된 팀을 350개의 애자일 팀으로 묶었다.

이 같은 조직 운영은 직원의 몰입도를 높이고, 생산성을 획기적으로 끌어올려 디지털 트랜스포메이션을 성공적으로 추진하는 원동력이 되고 있다. 비즈니스 조직과 지원 조직이 서로 씨줄과 날줄처럼 조화를 이루어 경영 성과를 극대화하고 있는데, 기존의 조직 운영과 다른 점은 수평 조직화하면서 나타나는 이슈를 임원급 코치 제도를 활용해 원만히 해결한다는 것이다. 국내에서는 국민은행이 이와 유사한 조직을 벤치마킹해 애자일 스쿼드를 도입했는데, 모바일 뱅킹 애플리케이션인 'KB스타뱅킹'을 두 달 만에 대폭 업그레이드했다.

신생 스타트업, 무시하거나 외면하지 말고 공존하라

두 번째는 기하급수적으로 성장하는 스타트업과 긴밀한 관계를 유지하면서 공존하는 것이다. 기업 가치 기준으로 창업 후 10억 달러에 이르기까지의 기간, 즉 1조 클럽 도달 시점이 갈수록 빨라지고 있다. 이것이 가능한 이유는 바로 파괴적 혁신 기술 때문인데, 쉽게 말해 새로운 시장을 창조하고 기존 시장을 파괴하는 모든 혁신을 말한다.

우리는 기하급수의 시대를 살고 있다. 이런 식의 파괴적 혁신은 앞으로도 계속될 것이고, 신생 회사든 오래된 회사든 비즈니스에 종사하는 사람들에게 남은 선택지는 별로 없다. 스스로 파괴적 혁신자가 되거나, 다른 회사에 파괴당하거나 둘 중 하나다.

기업의 경영진이라면 여기저기서 불쑥 나타나는 파괴적 스타트업을 항상 경계해야 한다. 이제는 동종 업계에서만 경쟁자가 나타나는 것이 아니라 전혀 생각지도 못했던 분야에서 조용히 출몰할 수 있다. 전통적인 은행이 다른 누구도 아닌 모바일 메신저에서 시작한 카카오뱅킹의 도전을 받을 줄 누가 알았겠는가? 이러한 상황에서 맞서 싸우는 것은 좋은 전략이 아니다. 오히려 그들과 손잡고 같은 방향을 바라봐야 한다.

이미 초일류 글로벌 기업들은 스타트업에 단순히 자본을 투자해 사업 영역을 확장하거나 아이디어를 얻던 방식에서 한 걸음 더 나아가, 스타트업이 신속하고 효율적으로 일하는 방식을 배우려 한다. 이들과의 협업이나 모방을 통해 이들처럼 빠르게 움직이려는 실험을 하고 있다.

모든 것을 갖춘 GE조차 새로운 개발 프로세스인 '퍼스트 빌드First Build'를 구축할 때, 직원 수가 현대자동차의 1/4000 규모로 200명에 불과한 로컬 모터스와 협력했다. 퍼스트 빌드 프로그램은 작은 실험용 공장이다. 구성원의 아이디어가 의미 있다고 판단되면, 실험용 공장에서 소규모로 생산해 시장 성공 가능성을 미리 타진해본다. 성공 가능성이 낮으면 빨리 폐기하고 곧바로 다른 아이디어를 실험한다. 제품이 샘플 시장에서 가치가 있다는 것을 증명하면 전체 제작을 위한 과정으로 이전된다.

GE는 덕분에 기존 자동차 제작 기간을 무려 70% 이상 단축할 수 있었다. 빠르게 변화하는 세상의 흐름에 발맞춰 시대가 요구하는 혁신적인 제품을 신속하게 선보이고자, 기존의 거대한 규모와 복잡한 절차를 과감하게 탈피해 소규모로 움직이는 마이크로 팩토리를 세운 것이다.

천 번의 실패가 세상에 없던 것을 낳는다

마지막은 끊임없는 혁신을 위한 실패를 용인하는 문화를
구축하는 것이다. 앞에서도 언급했듯 세계 최고 혁신 기업이
자 가장 빠르게 성장하고 있는 아마존은 수많은 실패를 거듭
했다. 스마트폰이 확산되기 전인 2007년 시작한 모바일 결제
서비스 '웹페이'는 수억 달러의 적자를 기록하다가 결국 2014
년 중단됐다. 또 2년간 공들인 자체 스마트폰인 파이어폰을
출시했으나 소비자의 외면으로 1억 7,000만 달러의 손실을
남긴 채 사업에서 철수했다.

2015년 아마존 데스티네이션이라는 지역 호텔 예약 서비
스도 에어비앤비 등에 밀려 6개월 만에 손을 뗐다. 아마존 월
렛(결제), 아마존 뮤직임포터(음악 재생 플랫폼), 아마존 로컬(부동
산정보) 등 실패한 사업도 상당히 많다. 이런 다양한 실패는 '실
패에서 많은 것을 배운다'라는 아마존 특유의 철학이 있었기
에 가능한 일이다.

베이조스는 "큰 성공은 수십 번의 실패가 쌓인 뒤에야 온

다"면서 "CEO로서 나의 일 중 하나는 직원들에게 실패할 수 있는 용기를 주는 것"이라고 말한다. 실제로 인공지능 음성인식 스피커인 에코와 알렉사 서비스를 개발해 대박을 터뜨린 팀은, 처참하게 실패한 파이어폰 개발 팀이었다. 영미권에선 이 알렉사의 편리한 서비스 덕분에 오퍼레이팅 시스템의 패러다임이 텍스트 기반에서 음성 기반으로 전환되고 있다.

아마존은 여기서 한걸음 더 나아가 음성뿐 아니라 카메라를 통해 고객의 요구에 대응하려는 움직임을 보이고 있다. 비전 인식이 가능한 '에코룩'을 출시하면서 고객의 스타일링까지 조언해주면서 패션 산업을 넘보고 있다.

베이조스는 "성공을 목표로 하면 거기서 멈춰버린다"면서 "그러나 실패를 목표로 하면 실패할 때까지 끊임없는 혁신과 변혁이 일어난다"라고 강조한다. 지금의 아마존은 끊임없는 도전과 실패를 통해 무언가를 얻겠다는 편집광적인 문화를 조성했기에 가능한 것이다.

한국의 기업 문화는 글로벌 평균보다 다소 보수적일 뿐 아니라 실패에 대해 엄격하다. 이러한 조직 문화를 개선하기 위해서는 최고경영진이 솔선수범해 의미 있는 실패에 대해 용인하고 보상하는 문화를 만들어가야 한다.

산술급수 기업은 기하급수 기업을 절대로 이길 수 없다. 그리고 기하급수 기업이 되기 위해서는 일하는 방법을 바꾸어야 한다. 그렇지 않으면 그 어떤 전문가와 신기술이 있다 해도 계속해서 성장할 수 없다. 지금 당신이 속한 조직은 어떤가? 기하급수 기업으로 거듭날 준비가 됐는가?

"

100개의 레고 조각을 가지고 놀다가
1억 개의 조각으로 놀기 위해서는
'노는 방법'을 완전히 달리해야 한다.
4차 산업혁명 시대에 기하급수 기업으로 다시 태어나려면
자사의 객관적인 자원을 재평가하고 재조립할 수 있어야 한다.

"

4차 산업혁명 시대,
어떻게 일할 것인가

초판 1쇄 발행 2018년 7월 10일
초판 8쇄 발행 2019년 12월 23일

지은이 전성철, 배보경, 전창록, 김성훈
발행인 이재진 **단행본사업본부장** 김정현
편집주간 신동해 **편집장** 이남경 **책임편집** 김보람
디자인 최보나 **조판** 데시그
마케팅 이현은 권오권 **홍보** 박현아 최새롬
국제업무 김은정 **제작** 정석훈

브랜드 리더스북
주소 경기도 파주시 회동길 20
주문전화 02-3670-1595 **팩스** 031-949-0817
문의전화 031-956-7352(편집) 031-956-7068(마케팅)
홈페이지 www.wjbooks.co.kr
페이스북 www.facebook.com/wjbook
포스트 post.naver.com/wj-booking

발행처 (주)웅진씽크빅
출판신고 1980년 3월 29일 제406-2007-000046호

ⓒ 2018 전성철, 배보경, 전창록, 김성훈 (저작권자와 맺은 특약에 따라 인지를 생략합니다.)
ISBN 978-89-01-22556-2 03320

리더스북은 (주)웅진씽크빅 단행본사업본부의 브랜드입니다.
저작권법에 의해 한국 내에서 보호를 받는 저작물이므로 무단전재와 무단복제를 금합니다.
이 책 내용의 전부 또는 일부를 이용하려면 반드시 저작권자와 (주)웅진씽크빅의 서면 동의를 받아야 합니다.

이 도서의 국립중앙도서관 출판예정도서목록(CIP)은 서지정보유통지원시스템 홈페이지
(http://seoji.nl.go.kr)와 국가자료공동목록시스템(http://www.nl.go.kr/kolisnet)에서
이용하실 수 있습니다. (CIP제어번호 : CIP2018018592)

※ 책값은 뒤표지에 있습니다.
※ 잘못된 책은 구입하신 곳에서 바꿔드립니다.